異文化理解・協力の旅

鈴木 元
Suzuki Hajime

文理閣

はしがき

今日、世界は激動している。中国のＧＤＰ（国民総生産）が日本を抜き三倍近くになり、アメリカに対抗する巨大国家として進もうとしている。そして太平洋をまたぐ貿易が大西洋を上回っている。

今後の国家間の在り方として大きな期待を持たれていたＥＵが、難民・移民問題で揺れ動き、各国において排外主義的な極右翼政党が急伸長している。「自由と民主主義」を標榜し第二次世界大戦後、「世界のリーダー」としてふるまってきたアメリカに誕生したトランプ大統領が「アメリカ第一」の言動を繰り返して世界に混乱をまき散らし、孤立し始めている。

こうした激動の時機、一部の人々から文化や民族の違いを、ことさら言いつのって攻撃し、分断と排除をもたらす傾向が強まっている。しかし人類はアフリカ大陸の大地溝帯にいた一人の女性を共通の母とし、一つの種のまま地球全域に広がったのである。異なる文化・民族を理解し交流し、「地球市民」として核兵器廃止や温暖化防止などの人類的課題のために協力して問題を解決していかなければならない。

この本は、著者である鈴木元がこの二〇年間取り組んできたベトナム・中国・モンゴルでの国際協力事業を通じて知ったこと、見えたこと。日本人があまり行かないチベット・ブータン・ミャンマーへの個人旅行での見聞をお伝えすること。そして一九九一年のソビエト崩壊以降、ほんの一部の人を除いては顧みられなくなっている社会主義について考えるために、ロシア・キューバ・イタリアなどへ行き調査してきたことを紹介した。

この本を手にし、お読みになった方が、世界の他の地域の異文化を理解し、お互いに交流・協力する一助とされることを期待しています。

目次

第一部

ベトナム、中国、モンゴルでの国際協力事業を通じて見えてきたこと、考えたこと

私は一九九六年一二月にそれまで勤めていた、かもがわ出版（編集長代理）から学校法人立命館に転職した。最初は企画部の事務責任者、そして二〇〇〇年から教学部、国際部を担当し、やがて学園の教学の責任者である総長と経営責任者である理事長を支えるために二〇〇五年に新設された総長理事長室の責任者（室長）に就任した。

教学部そして国際部を担当するころから大学の国際化に大きな関心を持ちはじめた。その際、従来、日本の大学での国際化は交換留学をはじめ教育・研究の交流が中心であったが、欧米の大学では国際協力事業に大きく関与していることに気が付き、この分野の開拓に努め始めた。

私がかかわった国はスリランカ、ミャンマー、インドネシア、インドなどもあるが、ベトナム、中国そして最後の頃にはモンゴルの三国に大きなエネルギーを注ぐことになった。

ここでは、その三国で行った国際協力事業について簡単に紹介しながら、それらの仕事を通じて私がベトナム、中国、モンゴルについて見えてきたこと、考えたことを紹介することにする。

一　ベトナムにおける障害児教育確立をめざして

私が初めてベトナムとかかわったのは一九六四年八月のことである。ベトナムにおいてアメリカの支配に反対する闘いが強まり始めていたとき、アメリカは「ベトナムのトンキン湾においてベトナム海軍から攻撃を受けた」として北ベトナムのハイフォンなどへの爆撃を開始しベトナム侵略戦争が本格化した。私は、この一九六四年からベトナム戦争が終結する一九七五年まで「アメリカのベトナム侵略戦争反対」を掲げて闘うとともに、アメリカのベトナム侵略の基地となっている沖縄をはじめとする米軍基地の在り方とかかわって沖縄返還、安保条約反対の闘いに青春をかけていた。

一九七三年アメリカ軍はベトナムから引き揚げ、最終的に北ベトナムの正規軍が南ベトナム軍を打ち破り、一九七五年四月三〇日サイゴンの大統領府に突入することによって終結し、ベトナム人民の勝利で終わった。第二次世界大戦後、アメリカは初めて敗北し、世界の進歩勢力は励まされた。ところが一九七七年一〇月、カンボジアのポルポト軍がベトナムとの国境に侵入した。ベトナム軍は反撃しただけではなく、追撃し首都であるプノンペンまで攻め入った。しかもベトナムの意向を受けたヘンサムリン政権を支えて一〇年に及んでカンボジアに駐留した。これはアメリカのベトナム侵略と闘い、世界に道義的優位を打ち立てていたベトナムへの国際的な支持と信頼を大きく傷つける結果になった。

一九七六年六月に南北ベトナムは統一した。南ベトナムはフランスの植民地時代、続いてアメリカの傀儡政権時代を通じて資本主義社会であった。したがって戦争に勝利しても北ベトナムの社会主義体制はすぐには持ち込まないで、しばらくは連邦制もしくは一国二制度制で統治されるのではないかと考えられていた。しかし南北ベトナムの統一を果たしたベトナム政府は、南ベトナムにおいても直ちに社会主義を導入した。また旧南ベトナム政権とかかわった人々を政治犯として収容所送りにし始めた。そしてサイゴン市をホーチミン市と改めるなど北ベトナム主導の国家づくりを始めた。こうしたことに対して反発・恐怖を抱く、南ベトナムの人々が大量にボートピープルとして海外に亡命した。このボートピープルの中に華僑である中国人が沢山いたことや、ポルポト政権を中国が支持していたこともあって、一九七九年二月、中国は「懲罰」と称して、北ベトナムに攻め込んだ。

平和を希求していると思われていた社会主義国である中国とベトナムが正規軍同士の戦争を行うという予想しがたいことが起こり「社会主義の大義」が大きく傷つけられた。一九八五年、ベトナムは、カンボジアから軍隊を引きあげた。続いて一九八六年一二月ドイモイ政策（改革開放）を採用し、外資の導入を牽引車として私的資本の活動を容認した。海外に亡命した人々の帰国促進政策を取り、彼らに国内で資本主義的経営の促進を促したので多くの人々が戻り始めた。

ベトナムの障害者問題

こうしたとき、障害児教育の専門家であった藤本文朗氏（当時、滋賀大学教授）は一九八〇年の国際障害者年を前にして、障害者問題について国際的視野を持つことの必要性、戦争こそが多くの障害児者を生む最大の問題であると考え、一九七九年、戦争が終わったばかりのベトナムに渡航し、多くの障害者を見聞し本格的な研究の必要性を自覚した。それで一九九五年に文部省の短期留学制度を活用して三カ月間、改めてベトナムの障害者問題を調査して回った。そのとき、南ベトナムにおける最大の産婦人科病院であるツゥーヅゥー病院において枯葉剤に含まれていたダイオキシンの影響と考えられる双子の結合児ベト・ドク兄弟に出会い衝撃を受けた。主治医であったフォン博士から「彼らのための特製車椅子を日本で作成し寄付してほしい」と依頼された。藤本文朗氏は帰国後、その特製車椅子を作成してもらい、ベトナムに贈るとともに「ベトちゃん・ドクちゃんの発達を願う会」を立ち上げ、彼らの成長を支援するとともに、他の研究者にも呼びかけ、ベトナムの障害児についての調査研究と教育事業に取り組み始めた。

ベトナムにおいては、一九六〇年代までの日本と同じで障害児は義務教育を免除されていた。しかしドイモイ政策で豊かになりはじめる中で、障害児を抱える親たちが子供を連れて学校に来はじめた。しかし障害児教育を担当できるよう訓練された教員はいなかった。

そこで藤本文朗氏は郵政省のボランティア貯金を申請して認められ、二〇〇〇年にホーチミン市のビルの一角を借りて現職教員を対象に夜間ならびに土曜日などを使って、受講を希望する現職教員に障害児教育のノウハウを教育することにした。藤本氏の呼びかけで関西を中心に障害児教育に関わっている教員や研究者が渡航費・滞在費を自己負担してベトナムに渡り、この教育にかかわった。私は藤本氏の誘いを受けて、この教育現場に同行し見学する中で、「これは貴重な取り組みである」と考えると同時に、渡航費・滞在費を本人負担で行うやり方では長くは続かないと思った。そこでＪＩＣＡ（当時の国際協力銀行）に赴き、協力・支援してほしいと申し入れ、交渉を開始した。

この頃から、日本のＯＤＡ（国際協力事業）は、日本側から「あれこれの支援を行う」というやり方ではなく、相手国、この場合はベトナム側から日本に対して「〇〇を支援してほしい」との要望が出され、それを日本側において審査し支援するというやり方になっていた。ベトナム教育訓練省は「ぜひやってほしい」と希望するが、ベトナム側において日本に支援を要請する順位を付けるのは財務省の管轄である。財務省としてはダムや道路、橋、港湾、発電所など大きな金額の国家プロジェクトとなるものを中心に順序を決めるので、障害児教育支援は上位になりにくかった。そこを打開してもらうことが大きな課題で説得に努力した。続いて現職教員の再教育の進め方であるが、勤務しながらではなく一年半勤務から離れて教育を受けるためには、その間の代替え教員の配置が必要であること、また再教育を受けた人にはメリットが必要であることなどの難題が明らかになった。そこで教育訓練省と交渉し、日本から出かける教員の人件費、渡航費、滞在費は日本のＪＩＣＡの無償支援事業として行う。ベトナム側は教育訓練省が、全国から対象となる教員の選抜を行い、ハノイに滞在して教育を受けること、その代替え教員を配置すること。ハノイ師範大学において立命館大学と協力して障害児教員養成課程を立ち上げること。このプログラム修了者に対して準修士号を授与することなどを合意し、二〇〇三年から開始した。その後ＪＩＣＡの支援で二回延長して二〇一三年まで続け、五六人の再教育を行い、全国の師範大学に教員として配置された。この一三年の間に私はハノイやホーチミンをはじめとしたベトナムの主要都市を二〇回余り訪問した。

ベトナムの枯葉剤被害障害者施設で

そうした中でベトナム戦争の被害がいかに大きいか、戦争を原因とする障害者が四〇〇万人に及ぶ現実、とりわけダイオキシン入りの枯葉剤を浴びた兵士たちと結婚した女性から重度の障害児が生まれていることを直視せざるを得なかった。現在、ダイオキシンが原因と考えられる障害者は三〇〇万人と推定されている。生まれた障害児を育てる自信がない親たちがお寺の門前に赤子を置いて行ったりした。その子供たち一〇〇名以上を預かり、僧侶たちが町を行脚して寄付を集め養育しているお寺や、裕福な仏教徒が建てた簡素な施設などを何カ所も訪ねた。水頭症や目がない、腕や足がないなど大変な障害を抱えた子供たちが一〇〇人単位で居るお寺や施設の訪問は本当に気が滅入った。にもかかわらず子供たちが笑ったり、遊んだりしている姿に心打たれ、枯葉剤を撒いた米軍の飛行機が飛び立った基地や飛行場を提供していた日本の道義的責任を自覚し、この人たちのために私たちがやれることをやろうと考え実行した一三年であった。これらのお寺や施設に預けられ暮らしている人は約三〇万人いると推定されている。

そうしたベトナム戦争の実態を記録に残す施設としてホーチミン市に戦争証跡博物館がある。この博物館の見学者の半分は外国人で、日本人がその半分を占めていた。しかし説明はベトナム語でしかない。そこで私個人としてもできることとして、この戦争証跡博物館の日本語によるガイドブックを作り、博物館の受付で売ってもらうと同時に日本の旅行社にも販売してもらった。出版社としては二〇〇円で利益が上がる小冊子であったが一〇〇〇円の値段をつけ、その収益全てを支援に当てた。戦争証跡博物館にはパソコンによる説明用のプロジェクター、ツゥーヅゥー病院には車椅子一〇台を寄贈できた。現在では戦争証跡博物館が自分たちの手で日本語のガイドブックを作り日本人来館者に手渡している。

ところで枯葉剤を製造したのはアメリカの農薬会社、撒いたのはアメリカ軍である。この責任が問われなくてはならない。そこでベト・ドク兄弟の初代主治医で、後にツゥーヅゥー病院の院長、そして国会議員・副議長にもなったフォン博士を代表としてアメリカ政府と農薬会社を相手どって裁判に三回提訴されたが門前払いされた。アメリカ兵も韓国兵もそしてオーストラリア兵も裁判を起こしたが、いずれも門前払いされた。しかしアメリカにおいては国内世論の高まりもあり一九九一年に法律が作られ、枯葉剤被害障害者年金が支給されている。韓国兵そしてオーストラリア兵に対しても派遣した政府の責任もあり、政府から同様の措置が行われている。これらの国の政府と比較して極めて貧しいベトナム政府が三〇〇〇万人に及ぶ枯葉剤障害者に対して年金を支給することはきわめて困難であった。ドイモイで豊かになりつつあるベトナム政府は、ようやく二〇〇六年から重い障害を持つ約三〇万人の人々に対して、わずかであるが年金支給を開始した。こうした取り組みを行う中で私はベトナム各地を回ったり、行政の幹部や大学人と交流したり交渉したりする中で、いろいろなことが見えてきて考えさせられた。

もう一つのベトナム

ホーチミン市で、ある大学幹部と話しているとき、私たちの通訳をしている若い日本人に対して「貴方のベトナム語は南の訛りが強すぎる、北できちんと勉強した方が良い」との発言があった。私は「そうか北から来た人なのだ」と思った。ところが意外にもその人の口から、北の大学幹部の悪口と思われる発言があった。私は、即反応するのではなく、しばらくしてから「先生はどこで学位を取られたのですか」と質問した。するとチェコのプラハ大学という答えが返ってきた。我々の年代の南ベトナムの人が社会主義国であるチェコの大学へ留学するはずがない。ベトナム戦争中も北ベトナムでは大学進学者を選別する統一試験が行われていて、上位二〇〇名ぐらいまではベトナムの大学ではなく高校卒業と同時にソビエトをはじめとする社会主義国へ留学させていた。ベトナム戦争が終わったとき、例えば教育分野で言えば、一番手はハノイ師範大学に、二番手はホーチミン師範大学に配置された。したがってホーチミン師範大学の幹部はハノイに残れた人間に対して嫉妬を抱いている。しかもホーチミン師範大学の幹部は全員、北出身者だった。したがって一般教員からすれば、彼ら幹部がどのように見えているかに注意しなければならず言動にも注意をはらっていた。サイゴン市の名前をホーチミン市としているのであるから、他についてもいわずもがなである。

しかも社会主義的官僚主義とドイモイ政策による拝金主義が蔓延しているから余計に大変である。最近は取り締まりが厳しくなり目立たなくなったが、二〇一〇年ぐらいまでは国営ホテルの周辺でも、外国人目当ての女性が何人も立っているだけではなく、男性単身者の部屋には女性から売春目的の電話がかかってきていた。ロビーにもそれと分かる女性がウロウロしている。ホテル関係者が彼女やマフィアから金を貰って手引きしているのである。

現地で色々な日本人と知り合う中で、在ホーチミン駐在の日本の大手企業社員ら一〇数名の懇親会があり招かれた。全員が女性を伴っていたが「現地妻」として紹介し合っていた。つまり、日本語か英語のできる人を「家政婦」として契約し、セックスフレンドにしているのである。在外日本人のエリートサラリーマンの姿をかいま見た。私だけが同伴者なしで、その場は適当に過

ベトナムの大学学長向けの研修（ハノイにて）

ごし二度と付き合わないことにした。

大学管理運営幹部研修

障害児教育担当講座を行う中でベトナム教育訓練省の幹部たちと、それ以外の話、とりわけ私が日本の伝統ある大きな私立大学の企画部門の責任者をしていたこともあって、ベトナムにおける大学改革、それを担う学長や副学長の研修の重要性等に話が進展した。そうした中で後述するように、当時私たちがＪＩＣＡの支援も受けて中国で行っていた大学管理運営幹部研修を紹介した。副大臣と話しているとき、「鈴木さん、それを是非、ベトナムでも行ってほしい」との要望が出された。私は「かまいませんが、ＪＩＣＡの了承・支援を受けるためには少なくとも一年ぐらいかかります」と述べた。すると副大臣は「お金はベトナム政府が出すので長期休暇に合わせてやってほしい」と提案された。私は同意するとともに中国で行っているプログラムのままではなく、ベトナムの事情に合わせたものにするためにベトナムの教育制度、とりわけ高等教育の状況調査を行ってカリキュラムの原案を作り、教育訓練省の幹部と何回か打ち合わせを行い作成した。

この中で知ったことは、ベトナムの大学は多くの場合、高等教育機関ではあるが研究機関ではないことである。つまり、日本の大学は研究を基礎に教育する組織であるが、ベトナムでは研究は政府の下にあるアカデミーで行われ、そこでの研究成果をまとめた研究誌が各大学の教員に送られ、大学の教員はそれも参考にしながら教育しているのである。当然個人研究室もなく、日本の小・中・高等学校のように学部や学科全体の教員室があり、そこから教室に向かっている。ある短期大学に行ったとき、教室の横の廊下の隅に小学校のような机が並べられ、教員がそこに座ってレポートの採点作業などを行っていた。

大学管理幹部研修は費用節約もあり、座学の半分はハノイで行い、残りの半分を京都の立命館大学で行うとともに、東大・京大・早稲田大学・同志社大学、立命館アジア太平洋大学などの見学と、当該大学幹部によるガイダンスを受けるプログラムを実施した（二〇〇六年）。この取り組みでベトナムの大学の半分の幹部が受講された。その途中、担当の副大臣が調査・見学に来られた。私がプレゼンテーションした後、副大臣の方から「全大学の幹部を受講させるために、もう一回やってほしい」との要望が出された。そのとき「鈴木さん、カンボジアとラオスの代表を呼んで参加させても良いですか」と提案された。私は「いいですよ」と答えた。

ベトナム・カンボジア・ラオスそして中国

このとき、ベトナムがインドシナ半島における小中華であることを思い出した。ベトナムの北半分は唐の時代から約一〇〇〇年間中国の支配下にあった。中国文明から大きな影響を受け、ベトナムは朝鮮半島とともに近代に至るまで科挙試験が実施されていた。「建国の父」であるホーチミンのお父さんも最後の科挙試験の合格者である。そのような環境で育ったホーチミンも子供のころから漢文を学んでいたので、彼の作品には漢詩など漢文で書かれたものが多数ある。ホーチミンやハノイなどベトナムの大きな町の旧市街地を訪ねると、中国の省都と同様に、科挙試験の受験勉強をした学堂施設の建物が寺院のように残っている。そして前庭には、その地から科挙試験に合格した人物の個人毎の記念碑が建てられている。まさに郷土が生んだ誉れ高い人々だったのである。

ベトナムの高等教育担当大臣（左から２人目）と面談

そうしたこともあり、ベトナムにはインドシナ半島における小中華意識があった。植民地時代、フランスはベトナムが科挙試験制度による官僚制度があった国であることに注目し、ハノイやホーチミンにフランス語で教育する学校を作り、そこを出た人間をフランス植民地統治の官僚として使った。それだけではなく、同じくフランスの植民地であったカンボジア、ラオスに彼等を派遣し統治させた。

したがってベトナム政府ならびにその幹部たちはカンボジア、ラオスは自分たちの「属国」であるとの意識が強い。当時、カンボジア、ラオスの大学は学部までしかなく、優秀者はベトナムの大学の修士課程に進学し、それぞれの国の大学教員となっていた。そこで私はカンボジアならびにラオスの教育省を訪ね、高等教育担当副大臣と面談し、かの地の大学の実情を調査しカリキュラムを補強した。

ラオスのビエンチャンにて

　そのなかで知ったことであるが、カンボジアではポルポト政権の大学破壊からの復興中で、六つの大学が動き出していた。ボルポト派の幹部の裁判が行われた大学の体育館も見学した。それに対してラオスには国立ラオス大学しかなかった。教育訓練省の副大臣と面談すると「私は大学以外を担当している。大学のことはラオス大学へ行って聞いてほしい」と言われ、大学を訪ねた。ラオス大学は本部棟だけはレンガ造りであったが、校舎はトタン屋根の板張り木造の建物で、急速な復興と進学率の高まりの中で三部制（午前、昼の部、夜間部）で授業を行っていた。日本のＯＤＡで校内に日本センターとビジネススクールが設置されていた。そこだけが鉄筋の建物で、冷房も完備し図書館もあった。学生たちは授業のない時間帯は、この日本センターにいた。ビジネススクールは、ラオスにおいて近代的経営を普及するために一般学生だけではなく全ラオスの企業家を対象に研修を行っているとのことであった。日本政府は旧社会主義国やまだ社会主義を放棄していないが、ドイモイのように資本主義的手法を導入している国々に対して、資本主義運営のための法律の制定・改正などの支援と、資本主義的経営導入の支援を行っている。私が入っていた時期では文部省からの指示もあって、前者は名古屋大学の法学研究科、後者は神戸大学の経営管理研究科が主として担当していた。

日本企業は中国リスクを考えベトナムに大量に進出している。そのとき、隣接する、カンボジアやラオスにも調査に出かけている。私は出かけた人に彼らの観察を聞くことにしていた。カンボジアはポルポト時代、人口六〇〇万人のうち少なく見積もっても一〇〇万人、多い説では二〇〇万人が殺された。そのような殺戮はポルポトの兵士だけではできない。ポルポト派にあおられる中で住民同士の殺し合いが行われた。お互いが顔見知りである。私たちを案内してくれたガイドの女性も両親が殺され、祖母に引き取られて育てられたそうである。カンボジア大学の女性の先生と知り合いになったが、ポルポト時代、高校生は知識人と見なされ、全カンボジアで生き残った高卒以上の人は一六人で、彼女は奇跡的に助かった一人であった。そういう村に工場を作り何百人、何千人を集めて日本人が管理するのは大変難しいというのが異口同音に返ってきた答えであった。

カンボジアもラオスもベトナムと同様にフランスの植民地にされていた。カンボジアはメコン川を輸送路として使えたのでコメやゴムなどのプランテーション開発が進んでいた。それに対してラオスは、カンボジアとの境にメコン川の大きな滝があり、当時の技術では船を通すことはできなかった。ベトナムとラオスの間には高い山脈があり、当時の技術と資金では鉄道建設ができなかった。そのためフランスの植民地ではあったが、ほとんど開発されないままで、インフラ整備も全く進んでいなかった。ベトナム戦争が終わりドイモイ政策が実施されても、日本企業を含めて西側の企業はラオスにはほとんど進出していなかった。

それが大幅に変わるのは中国の進出である。ラオスはレアメタルを含めて鉱物資源が豊富にあると見られており、中国はODAによって北側の雲南省からラオス、カンボジアに貫く道路を建設し、中国企業が大量に進出し始めている。首都のビエンチャンには中国人観光客と合わせて黒人の富裕層の観光客がたくさん来ている。私が泊まっていたビエンチャンのホテルにも黒人が沢山いたし、街の観光客にもビデオカメラを持った黒人富裕層の家族連れが沢山いた。「なぜ、こんなに黒人が多いのか」と聞くと、アフリカに進出している中国企業が中国の旅行社を通じて大量に送って来ているそうである。黒人は金持ちでもアメリカなどでは差別を受けるので、中国の影響力のあるラオスなどのアジアの国々に観光に来ているのであった。

先に記したようにベトナムとりわけ北部は中国の影響が強かった。最初にベトナムへ行った頃、シンポジウムでベトナム人が「○○スーパー」という言葉を使っていたので「なぜ場違いなスーパーという言葉を使っているのか」と思っていた。よく聞くと「ハノイ・スーハン」「ハノイ・

スーハン・ユニバースティー」つまり「ハノイ師範大学」と言っていたのだ。中国語の師範《シーファン》が日本ではシハン、ベトナム語ではスーハンと読まれていたのだ。そういう目や耳で見たり聞いたりしていると、現代になってヨーロッパから入ってきた言葉以外のベトナム語の半分以上は中国語からの外来語である。それだけ二〇〇〇年に及ぶ中国とベトナムの交流は深いものがあった。

中国ではベトナムのことを越南《ユエナン》という、つまり南に越えた所という意味である。私たちは近代の国境線で物を考えるが、昔は厳密な意味で国境があったわけではなく生活文化のところでは繋がっていた。北京ダックというと北京料理だと思うが、もともと暖かい地方のアヒルが氷点下二〇度くらいまで下がり、池も凍ってしまう北京で育っていたはずがなく、明の首都であった南京の料理であった。北ベトナムに行くと北京ダックそっくりの食べ物がある。最初、私は中国料理が伝わったのかと思っていたが、そうは言えないのではないかと思うようになった。つまり北ベトナムから中国南部の温かい水郷地帯にいたアヒル料理として起こったものが、しだいに北の方へ伝わったのかもしれない。中国の長江の三峡下りのとき、川面に幻想的な小山のような島がありから水墨画の題材となってきた。ベトナムのハロン湾に同じような島があり観光名所となっている。中国の南部地域からベトナムのハロン湾にかけて石灰岩の地層が広がっている。それが中国では川の中の島、ベトナムではハロン湾の島となっている。従ってそこに暮らしていた人々は同じような暮らしをしていたのではないかと思う。

中国の貴州省や雲南省の山奥へ行くと天まで届く段々畑が広がっている。ネパールの山奥へ行くと、それとそっくりな段々畑が高い山の上までつながっている。多分近代以前では中国の南の山奥とネパールの北部の山の奥はつながっていて生活交流していたのだろう。日本人にはネパールやブータンはヒマラヤの山の麓の閉鎖された山国社会であるとの先入観が強い。しかしネパールには二六もの民族、ブータンにも二四もの民族がいる。インド側や中国側で政変などがあったとき、戦乱から逃れるために今で言うところの「難民」が中国側やインド側から逃れてきて住み着いたのだと推測される。つまり山の中の小国と見られるネパールやブータンも決して孤立した閉鎖社会ではなく、地続きなのである。

「中国五千年の歴史」と「ベトナム・朝鮮五千年の歴史」

ベトナムや韓国の歴史博物館に行くと、壁に古代から現代に至る大きな歴史年表が五千年に渡って記載されている。そしていずれの年表でも大半が、中国の侵略といかに英雄的に闘ったかが書かれている。つまり中国大陸の半島である朝鮮やベトナムは背後の中国大陸に巨大な統一国家が出来たときはいつでも侵略され、その排除・独立のために戦ったのである。

ところでここでいう五千年とはなにを指しているのだろうか。中国人は「中国五千年の歴史」と言う。中国大陸に現在の中国の原型となる統一国家が出来たのは始皇帝による秦の成立が始まりである。それまでは、それぞれ地域に都市国家、地域国家はあったが統一国家はなかった。大和朝廷の成立をもって現在の日本国の原型となる統一国家が成立したのと同じである。

従って私は統一国家を根拠とする場合は「中国二千年の歴史」と言っているが、それ以前を含めて言う場合は「中国大陸の歴史」。つまり「ヨーロッパ大陸の歴史」と同じ意味で使うことにしている。ベトナムや朝鮮では「中華」を意識し、「中国五千年の歴史」に対応して「ベトナム五千年の歴史」「朝鮮五千年の歴史」と言っている。しかし中国大陸でさえ統一国家が出来たのは二千年前であり、ベトナムや朝鮮にも五千年前に統一国家などはなかった。中国南部の地域国家がベトナム北部の地域国家に対して攻め込んだかもしれないが、それは中国大陸の統一国家ではなかった、朝鮮も同じである。

二　中国で国家プロジェクトとかかわって

はじめに

私の母方の祖父・西村徳三は清朝末期、瀋陽の日本総領事館の書記官を務めていたが、辛亥革命の前年の一九一〇年、それを辞めて中国東北地方の満鉄の長春駅前に日本人で最初の民間ホテル「西村旅館」を開設し営業していた。隣は満鉄が建てた国策ホテル長春大和ホテルであった。母の兄である西村剛伯父は長春小学校から、満州で最初にできた旅順中学校の一期生として進学した。私の父は戦前、とある大企業の上海支店の運輸責任者として中国の主要都市を回っていて、母との新婚時代も上海で過ごしていた。

こうしたこともあり、私は子供時分から、両親や祖母そして伯父から中国の話を聞いて育った。したがって私は「大人になれば中国へ行きたい」と強く思っていた。しかし私が大学三回生であった一九六六年から、中国においては文化大革命の嵐が吹き荒れ、とうてい外国人が入れる状態ではなかった。それどころか一九七八年に文化大革命が終結し、中国は改革開放へ舵を切ったにもかかわらず、政権政党である中国共産党は、日本共産党をはじめとする日本の民主勢力に対していた。


しての干渉政策を改めることはなかったので、私は中国への渡航を断念していた。

しかし一九九七年になって中国共産党は「日本共産党をはじめとする日本の民主勢力に対する干渉は間違いであった」と表明したので、私は中国を訪問することができるようになった。

その年、父が亡くなった。そこで私は父への弔いもかねて、父と母が戦前暮らしていた上海の家などを探し訪ねた。続いて二〇〇四年、祖父母が暮らしていた中国東北地方の大連、瀋陽、鉄領、長春などを訪ねた。ここではそれらの体験記は省略し、中国が大きく変わる一九七八年末からの「改革開放政策」から記すことにする。

父の中国調査

一九七八年一二月、中国共産党は「改革開放」政策（外資の導入を牽引車にしながら私営企業を容認し、経済発展を図る政策）を決定した。当時、私の父は一部上場の大企業の常務取締役を務めていた。一九七九年、父は商工会議所の中国訪問調査団の一員として、青島から入り、天津、北京、上海、広東を二〇日間かけて回り香港経由で帰国した。戦前中国で仕事をしていた関係から多少中国語ができることもあって、代表団の事務局長役を務め訪問団記録などをまとめていた。私は、一九六四年に立命館大学に進学して以来、家を出ていて父とほとんど話をする機会を持っていなかったが、最新の中国事情を知りたい思いで実家を訪ね父が見聞した中国の話を聞いた。

「中国の今の状態はどうだった」

「私たちは、都市しか見ていない。中国問題を理解するうえで大切な農村を見ていないので中国全体をどうこうと評価はできない。ただ都市を見た限り、日本が戦後の混乱期を終え、高度成長が始まるときと似ていると感じた」

「改革開放と言って、外資の導入を先導にして私的経営を認めて経済成長を図ろうとしているようだが、見通しはどうだろうか」

「中国は革命が行われてからまだ三〇年しかたってない。資本主義的経営を経験した人もたくさんいる。また外資という場合、アジア各国に華僑が約三〇〇〇万人いる。まずは香港、シンガポール、台湾にいる華僑が進出するだろう。言葉も商習慣も通じるものがあるし、親族もたくさんいる。だから多分上手く進むのではないか」

「ソ連と比べてどうか」

「ソ連の場合は革命から既に六〇年以上が経ち、国内には資本主義的経営を経験している者はもういないし、華僑のような存在もない。したがってソ連で改革開放といっても上手く行かないかもしれない。そこが違うのだろう」

「お父さんの会社は進出するのか」

「直ぐには行かない。中国はまだ法治国家ではない。時の政府、もっと言えば共産党の方針が変わるかもしれない。だから中国政府から進出を要請されている八幡製鉄（当時、現在の新日鉄）のような国策会社は進出できても、我々のような国の後ろ盾のない会社は危なくてすぐには出て行けない。むしろ、中国の安い人件費に負ける中小企業が先に出ていくのではないか。しかし法治国家ではないから技術さえ身に付ければ、いつ乗っ取られるかもしれない。出るも地獄、残るも地獄という状態になると思う。日中正常化・国交回復には賛成だが、難しい問題が待ち受けていると思う」

私は、経営者は経営者として見ているし、考えていると思った。これは父の個人的意見というより、代表団の統一的見解だったのだろう。そして、その後の事態の進行は、概ね父たちの判断・予想通りとなった。

改革開放政策について

ところで今日、日本の知識人やマスコミは、改革開放政策について、公害や格差の広がり、汚職の蔓延などの負の側面を取り上げて批判的である。日本の高度成長期も公害が蔓延したし、大規模な汚職事件があった。そして成長が続いている限り自民党単独政権が続いていた。バブル崩壊で高度成長が止まる中で自民党単独政権は崩れ、野党となり、続いて連立政権となってきた。今日まで高度成長が続いてきた中国も同じ側面があるのではないだろうか。

私は改革開放政策の一番の成果は、中国の歴史上初めて飢餓・餓死がなくなったことであると思う。中国の長い歴史上、何回となく大規模な飢餓や餓死が起こっている。一九四九年、毛沢東によって中華人民共和国が建国されて以降も、大躍進計画の失敗で約三千万人、文化大革命で約一千万人の人々が亡くなったり殺されたりしている。これに対して改革開放政策が開始されて以降、全中国から餓死者はなくなった、

日本の明治維新も同様である。それまでの幕藩体制の下では、大規模な凶作が起こると藩単位の経済では救援できず、村や郡単位での大規模な餓死が起こった。しかし明治維新で近代統一国家ができて以降は、政府が救援に入り、村や郡単位の大規模な餓死はなくなった。中国も大躍進政策や文化大革命の大規模な混乱期、政府機能がマヒし全国的に統一的な支援体制が組めなかった。それどころか農村から都市への収奪が行われ、餓死は農村から始まった。中国の歴史上で餓死がなくなったことは偉大な歴史的進歩である。なぜこのことに注目し、きちんと評価しないのだろうか。知識人やマスコミの基本的な任務は時の権力に迎合せず、批判すべきことはきちんと批判し、社会がより良きものになるようにすることである。改革開放政策に関しては肯定面を押さえた上で、批判的に克服すべき問題を論じるべきだろう。そうしないと批判の刃の効力は薄まるだろう。

なお、現在の中国人の大多数の人々が「社会主義」という言葉でイメージするのは、毛沢東時代のことで、「貧しさを分かち合った平等社会」「社会的大混乱の時代」を思い浮かべ、「二度とあのような社会に戻ることはいやだ」と思っている。そして中国の大多数の人は今、「中国は社会主義に向かっている」などとは考えていない。一般の人は「今の平和が続き、より豊かになりたい」と願っている。国家の将来や在り方を考えている人は「偉大な中華の復興」を考え、中国

の大国化つまり「アメリカに追いつき追い越す」を目標としている。

私の知り合いの中国の知識人たちは「中国人は一代で以下の三つの時代を生きてきたという。①一九四九年以前の中国は、日本をはじめとする外国帝国主義に蹂躙され、軍閥が割拠し、封建制が根強かった蒋介石の時代。②一九四九年の新中国の建国以降、日本をはじめとする帝国主義を追い出し、独立はしたものの、毛沢東の気まぐれの大躍進・文化大革命で大混乱させられ、日中戦争の二千万人を倍する四千万人もの死者を出した時代。③そして現在、共産党一党体制の下で一九七九年以降「改革開放」の名によって、中国独特の資本主義が広がっている時代。今後、中国がより富国強兵化し大国化することは間違いないだろうが（民主主義を含め）、その先がどうなるかは分からない。概ねそういうところではないだろうか。

もう今から二〇年以上前のことである。農村を回っていたとき、女性もいたのでトイレ休憩で小学校のトイレを借りた。その当時の中国のトイレの汚さについては、ここでは触れない。外で待っていた私は「どこを見ても五～六年生がいないようですが」と質問した。すると「五年生にもなれば学校には来ません」と答えた。農業労働として役立つからであり、その上に教科書代や先生の給料を負担しなければならないからである。歳下の弟や妹が学校に上がるようになれば、上の子は学校に行かないのである。私は「教科書代や先生の給料を負担しなければならなくなったのは、改革開放が始まった以降ですか」と質問した。その人は「いや私の子供のときからです」と答えた。

そうなのである。日本でも義務教育の教科書代の負担がなくなったのは一九七〇年代の初めである。つまり高度成長で豊かになってからである。資本主義国であろうが社会主義国を名乗っていようが、国が貧しい内は教科書代の無料化などは簡単にできることではないのである。

昔、「中国では、はだしの医者が農村を回り無料で診察・治療にあたっている」と、日本でもてはやされたことがある。しかし実態は、中学生やお坊さんが持つような肩掛け鞄に漢方薬を入れて農村を巡回する人で、日本で言うところの準看護師レベルにも達しない人たちであった。無償ということだけを取り上げて「中国、社会主義は素晴らしい」などと単純に称賛できるものではなかった。しかし何千年もの間、医療から見放されていた中国の農民にとっては「はだしの医者」は偉大な進歩であった。それを日本に伝えるときに「無料」や「人民への奉仕」などの面からだけ称賛的に報じられていたが、医療水準については報じられなかった。外国の問題を取り上げるにあたって、その歴史的情況を踏まえて正確に伝える必要があった。現在でも中国の医療教育では、六年制の西洋医学教育もあるが、農村部で四年制の漢方医学教育を行っている大学が多数である。

この二つの点からでも、物事は歴史的社会的に見なければならないことは明瞭である。なお現在、中国は三農問題（農村、農民、農業問題）の解決と、貧困問題、環境問題の解決を国家の最重点問題として位置づけ、国を挙げて世界で最も大規模に取り組んでいる。

改革開放政策は中国を豊かにし、まさに「富国強国」として復活されてきている。日本人の多くは「日本はアジアで最初に近代化した国」「最初に先進国化し、豊かになった国」ということを誇りとすると同時に、中国や朝鮮を一段下に見る傾向が強かった。しかし近年の中国や韓国の躍進を見る中で日本人は、中国や韓国に不安や嫉妬を持ち始めているように見受けられる。

かつて中国大陸に統一国家ができたときは、中国はいつでも東アジア最大の先進国家であった。だからこそ、この二千年来、日本は中国や朝鮮半島を先輩として学んできた。かつての日本人にはその謙虚さがあった。ところが日本は東洋の一番端にあり、列強の侵略が遅れたこと、列強内部でイギリスとロシア、イギリスとフランスが覇権争いをしていたこと、最も近くにあったアメリカが南北戦争の内戦を繰り広げていたことなどが重なり、かろうじて列強の植民地にされる前に、統一国家として独立を保つことができ、近代化の歩みを始めることができた。

そして近代化した統一軍によって中国やロシアとの局地戦に「勝ち」、アジアに覇権を確立していくことになった。ここから日本人の中国観や朝鮮観に大きなゆがみが生じた。ところが二〇一〇年に中国はＧＤＰで日本を抜き、すでに日本の二〜三倍のＧＤＰとなり、近い内にアメリカを追い抜くのではないかとの予測がなされる事態となっている。韓国もＧＤＰで日本の二分の一となり、国民一人当たりでは日本に並ぶ状況となってきている。いずれも安い人件費を武器に輸出していた時代は終わり、最先端技術で世界に躍り出る状況となってきている。大国として復活してきている中国、先進国の仲間入りを果たした韓国とどのように付き合っていくのかを工夫し、力を尽くさなければならないだろう。

大学管理運営幹部特別研修と中国の大学

さて上記したように、私は二〇〇〇年からベトナムにおける障害児教育確立の問題でＪＩＣＡと折衝し、二〇〇三年からその協力の下に障害児教育プログラムを推進する一翼を担っていた。そのためにＪＩＣＡ本部を度々訪ねていた。そのとき、知り合いのある幹部から相談があった。中国では二〇〇八年に北京オリンピック、二〇一〇年に上海万博が開催されることが決まり、いよいよ発展途上国から脱却する段階となり、日本から中国へのＯＤＡ（政府開発援助）も終わる時代に入ろうとしていた。最後のＯＤＡとして、①深刻化している環境問題解決の支援、②次への発展のための人材育成、とりわけ沿岸部に比較して遅れている内陸部の発展を促すために内陸部の大学改革の支援を行うという二つの課題が浮上していた。

内陸部の大学改革支援、具体的には一二〇の大学に対して校舎建設やコンピューターなどの設備のために合わせて一〇〇〇億円規模の支援が行われようとしていた（対象大学一校当たり五〜一〇億円程度）。その際、五％程度を人材育成のために使用するということが日中両国政府間で合意されていた。しかし、校舎建設・備品購入は決まるが、人材育成の方策はほとんど決まっていなかった。

私が「銀行だけが行っても上手くいかないのではありませんか」と言うと、「立命館は行っていただけますか」と言われ「立命館は行かせてもらいますが、立命館以外にも声をかけてもらい、『行っても良い』という大学には、参加してもらってはいかがですか」と言って合意した。

二〇〇三年九月、世界最大の内陸部都市である重慶で中国政府の財務部、教育部、日本から国際協力銀行が参加して内陸部の大学一二〇校から来た二〇〇名を対象とした会議が開かれた。残念ながら日本から参加したのは立命館と立命館アジア太平洋大学、それに中央大学と千葉大学の四校であった。そこで四回に分けて説明懇談会を開催した。出された要望は二点であった。①日本の大学との共同研究を行いたい。②大学改革を行う幹部教職員の研修を行ってほしい。私たちは①については、これまで世界の学会で発表し日本の大学の研究者と知り合いになっていなくては、行政的に共同研究の推進はできないと説明するとともに②については実行可能であり、国際協力銀行や中国政府の財務部や教育部と相談して具体化して臨みたいと答えた。

その当時、私は立命館の改革を進める事務責任者を務めていた。また日本の大学においても大学改革を進めるために従来の教員と職員という概念ではなく、教育研究機関である大学の管理運営、その改革の担い手であるアドミニストレーターという新しい概念の職種が必要であるとの考えが国公私学を越えて共通認識になりつつあった。そのため大学行政管理学会が設立されたりしていた（私も創立以来今日まで会員）。私立大学連盟においてもそのための幹部研修つまりアドミニストレーター養成講座が開始されていた（私も、その研修委員に就任していた）。

そこで私は帰国後、中国の大学の実情を調べながら日本における高等教育問題の専門家の意見も聞き、一カ月余りの研修プログラムの素案を作成し、国際協力銀行にも原案を示し、基本合意を得た。

日本からのお金は各省の財務庁に渡され、研修管理は各省の教育庁が行うことになっていた。そこで私は各省に赴き、省の財務庁、教育長とプログラム原案ならびに予算案について協議し、合意した所から実施していくことにした。最初の対象として中国の四つの直轄市（北京、上海、天津、重慶）の内、内陸部にある重慶市を訪ねた。そこで財務部ならびに教育庁の代表と協議した結果、学長・副学長・幹部職員の三〇名について約一カ月のプログラムでの研修を実施することになった。それ以来私は一〇年間で中国の内陸部の省のほぼ全てを周り合意を取り付け、三〇回一〇〇〇名近い研修を実施してきた。その過程で、その内容と成果に着目した中国政府は、内陸部の大学とは別に政府が直轄している北京大学や精華大学などの国家重点三〇大学の次期学長を対象とした特別研修を申し込んでこられて実施した。その費用は日本からの貸付ではなく、中国政府自身が用意した。

これらのプログラムでは座学だけではなく、日中の国民レベルでの理解を深めるために大学食堂での食事、クラブ活動の見学、日本の観光、茶道体験なども組み入れた。いずれの研修においても私は冒頭講義、中間での質疑応答、最終講義を受け持ち、研修が効果的なものになるように努めた。

これらの中で中国側が大きな関心を寄せた問題の一つが「大学の大衆化」であった。世界の大学の動向として進学率が一〇～一五％ぐらいまでをエリートの時代、そこから大衆化の時代、そして五〇％を越える時期から全入時代と言われている。日本は既に全入時代に入っており、効果的な教育の在り方の改革が望まれている。中国は内陸部においても大衆化の時代に入っていたし、沿岸部では全入時代になっている。それに応じた新しい対応が求められていた。

日本で大規模かつ急速に大学の大衆化が進行したのは、一九六〇年代中期（一五％）から一九七〇年代中期（三五％）の一〇年間であった。そのとき、国立大学は理工系だけは収容定員を増やしたが文系はほとんど増やさなかった。増大した学生は私立大学が「引き受ける」ことになった。水増し入学、マスプロ授業が横行し「大学紛争」の重要な原因となった。このことについて図表とともに当時の写真を示して説明した。図表などを見ながら事態の深刻さについては中国で類似のことが進行している現場の状況から、質疑応答はそこに集中し、その対策について熱心に質疑応答することになった。合わせて大学紛争の写真を見て驚きの声が上がった。文化大革命時の中国の大学で起こったこととそっくりであったからである。来ていた教員の大半は高校時代に文化大革命を体験し、全国統一入試が行われなくなり、一九七七年に再開するまで農村への下放等で苦労した世代であったからである。立命館をはじめ日本の大学が大学紛争を経験し、それを克服して改革を進めてきたこと。私が大学紛争時に暴力による大学解体と闘い、大学の正常化のために闘っていたことを話すと大きな共感が寄せられた。

それでは中国の大学では大衆化とどのように対応しているのであろうか。改革開放による経済発展は進学率の増大をもたらすと同時に、大学に自主的財源確保の努力が求められた。そのために各大学が最も手っ取り早くできる方法は、附属の短期大学（三年制）を設置することであった。

教室は既存の物を使い、教員の持ち授業数を増やすことによってできるからである。入学した学生には「騙しのようなものである」。同じ大学の校門をくぐり、同じ教員の授業を受けているのに三年間では学士の学位はなく、短期大学卒の準学士しかもらえない。就職にとっても不利である。この措置は極めて人気が悪く、結局のところ国立・省立大学が私立大学を設置するという形や、省が新しい大学を作るという形で吸収していった。

ところで中国では、よく知られているように都市戸籍と農村戸籍があり、農民が仕事を求めて都会に出ても都市戸籍は得られず、医療や年金、教育などで差別を受けていることが問題となってきた。近年では新しい都市をつくり、そこに農民を移住させるなどして都市戸籍を与えるなどの解決策が省単位で進められようとしている。若者がこの問題を解決する最も手取り速い方法は大学に合格することである。大学は都会にあり基本的に全寮制であり、大学に入ると都市戸籍に編入された。

農民戸籍の人には年金も医療保険もなかったから、都市へ出稼ぎに出ている農民工は病気になってもよほどのことでなければ医者に行けない。子供も都市の小学校には入れない。そのための農民工居住地区で農民工たちがお金を出し合って、プレハブのような建物を建てたり、ビルの一角を借りて「教師になる人」を雇い「小学校」を設置・運営している。しかし中学校になると一人の教師が何科目も教えることは難しいので、出身地にいる祖父母に預けて中学校に通わせている。そういう点では、都市の大学に合格し都市戸籍を取得することは、本人にとっても親にとっても切実であり、すさまじい入試競争になる。

ところで、統一試験の成績でランクづけのある大学への合格が決まる。例えば北京大学では省毎に合格者数が定められるが、この比率が問題であった。人口比で農村の省ほど難しい。北京の比率は高く、北京市在住の高校生が北京大学に合格する成績では省のトップ大学にも通らないという事態が繰り返して起こっているために若者の不満は強い。

中央政府直轄三〇大学の研修では、私は中国政府がこれらの大学の改革にいかに力を入れているかを目の当たりにすることになった。政府は大半の国立大学を省の管轄に移し、政府が直接管理するのは北京大学など三〇大学に絞り込んで国家重点大学として国際的な競争環境に耐える大学へと改革を進めていた。例えば、日本ではほとんど知られていないが、北京航空航天大学という大学がある。この大学は飛行機とロケット（宇宙）の開発・研究・教育を重点とする大学だが、航空機・ロケットの製造工場、飛行場とロケット発射基地を持っている。中国は大気圏外の有人宇宙飛行衛星を打ち上げたが、その研究者・技術者の大半はこの大学の教員である。二〇〇三年に訪ねたときは北京市内に縦横二㎞のキャンパスであったが、二〇〇五年に二度目に行ったときには、同じ規模の縦横二㎞のキャンパスがもう一つできていた。中国がいかに航空機と宇宙開発に力を入れているかが分かった。

精華大学があるあたりは「中国のシリコンバレー」と言われ、ベンチャー企業の集積地となっている。その精華大学において産学共同で世界の企業が資金を提供するセンターがあり、精華大学の教員や院生がベンチャー企業を立ち上げ研究と事業を推進している。二〇階建てのビルディング全体がその施設であったが、毎年行くたびに一棟建ち、今では四棟建っている。日本の大学でこれほどの規模とスピードで産学提携による研究と資金獲得をしている大学はない。国際的にもトップクラスであろう。なお産学連携は企業に振り回されるという危険もある。中国政府も冷静に見ていて、最近、精華大学の四棟の産学連携ラボは大学とは切り離し、そこで事業を進めたい人は大学を辞め起業家として独立することを勧めている。

現在中国政府は、安い賃金を武器にして世界の工場として歩む道は、より安い人件費で市場に入ってきているベトナムやバングラディシュと取って代わられるだろうと予測している。なお中国から海外への輸出製品の五割は外資系企業の物であり、それらの外資は最初は沿岸部に進出したが、その人件費が上がると内陸部に移動した。そしてさらに現在ではベトナム、バングラディシュ等に移動し始めている。

そのため中国政府は、最先端技術で先進国と渡り合える国となるために、科学技術の振興、ベンチャー企業の奨励育成に国家を上げて取り組んでいる。科学研究費には既に日本の三倍をつぎ込んでいる。国際特許申請では既に日本やドイツを上回りアメリカに迫っている。大学においても重点大学では個人研究費が日本の有名大学を上回り、出版助成金も支給されるようになっている。日本人の「中国の大学の研究水準は低い」というイメージは今や昔の話になろうとしている。なお日本人の中には、改革開放によって外資と民営企業がひろがり、古い体質で赤字経営の国営工場がお荷物になっていると思っている人がいる。しかしそう単純ではない。今でも中国政府は党と国家が掌握している国営企業（株式会社形態をとっているが政府が株を掌握している企業も含めて）が中核であると考え、GDPの四割は国営が占めており、アメリカや日本などの先進技術の導入はこれらの国営企業が中心となっている。このことがアメリカと中国の先端技術競争において国家間問題とならざるを得ない根拠となっている。

孟子像と孔子学院

立命館は二〇〇〇年に日本で最初の本格的国際大学である立命館アジア太平洋大学を開設したことも含めて、二一世紀型の新しい大学改革において、日本国内だけではなく広くアジアにおいても注目を集めるようになった。その際、立命館が第二次世界大戦において政府に協力したことを反省し、戦後、教学理念を「平和と民主主義」と定め、その具現化として一九九二年世界の大学として初めて大学立の平和ミュージアムを開設した。そして一九九五年には戦後五〇年を記念して、世界大学生平和サミットを開催し、三六カ国一〇〇大学から四八一名の学生の参加を得て成功させた。こうした改革と平和への姿勢はアジア太平洋地域の人々に大きな共感を得、大学人をはじめ様々な人々が訪問してくるようになった。その一人として二〇〇四年一二月、中国政府の新聞弁公室主任（大臣）が来られた。当時の理事長であった川本八郎氏や長田豊臣総長と懇談しているとき、立命館という名は「孟子」の「尽心章」に由来するものであることを知り感激され「中国政府として孟子像を作成し寄贈したい」と申し入れられ、お受けすることになった。中国政府としても孟子像を作成するのは初めてのことであり、全国から孟子を描いた絵画や彫像の写真を集められ、デザインを決め孟子の故郷である山東省の石材を使って山東省の工房で作成し、立命館に寄贈され、現在本部棟の入り口のフロアーに設置されている。

同じ二〇〇四年一二月、中国政府は世界に中国語と中国文化を普及するセンターとして孔子学院を開設することを決定し、当面、各国の大学と協力して一国一カ所、世界に一〇〇カ所設置することとした。私は理事会において「立命館が名乗りを上げ誘致する」ことを提案し了承を得て中国政府と折衝することにした。二〇〇五年三月と五月、坂本和一副総長（当時）とともに北京の教育部で勝新章副大臣と交渉し合意し、六月二八日、東京の中国大使館において王毅特命全権大使立会いの下、正式に中国教育部と契約書に調印した。つづいて七月二〇日北京において開会された第一回世界漢語大会に招待され、長田豊臣総長（当時）とともに参加し「立命館孔子学院」の看板を授与された。

この孔子学院について「中国の覇権主義に基づくものであり、内政干渉、大学への影響力を広めるための物だ」などの批判が行われたりしている。

世界に大きな影響力を持つに至った国、アメリカ、イギリス、ドイツ、フランスなどは大使館とは別に、国民レベルでの交流を強めるためにアメリカ文化センター、日仏会館などを世界の主要都市に開設している。大国となった中国もそうした経験に学び開設したのである。日本はアジアの発展途上国の首都などに日本センターを持っているが、先進国を含めて世界的規模では展開していない。当時、私は外務省や文科省に日本も他の先進国と同様に世界の主要都市に開設すべきであると提案したが、臨調行革の嵐が吹く政府の財政難もあって一顧だにされなかった。私は今後の日本の在り方を考えた場合、大局的見地から、日本も全世界の主要都市に開設すべきであると思っている。

「きれいごとを言っても孔子学院は、中国の国益主義に基づく意図が秘められている」という人がいる。そんなことは当たり前である。それはアメリカ文化センター、日仏会館、イギリスセンター、ゲーテ・インスティチュート（ドイツ）も同じである。それを踏まえた上でどう内政干渉等にならないように工夫し、相手側に縛られないようにするかである。それよりも日本が「世界の大国」の中で唯一このような組織を本格的に持っていないことを改め、政府が責任を持って国民レベルでの文化・言語交流の場所を全世界の主要都市に確保すべきであると思う。現在、中国の孔子学院は全世界の主要都市・大学一〇〇〇カ所以上に設置されている。日本の外交的敗北は明確である。

温家宝首相の来日と立命館大学訪問

一九四五年八月、日本は永年に渡るアジア太平洋地域への侵略戦争に敗れ、無条件降伏し日本が植民地としていた地域や占領地域から撤収した。中国ではその後、毛沢東が率いる共産党軍と蔣介石が率いる国民党軍が内戦を行い、共産党側が勝利し一九四九年一〇月一日に中華人民共和国が発足した。敗北した蔣介石は台湾に渡り中華民国と称した。ところが日本政府は台湾しか統治していない国民党の中華民国が全中国を代表する唯一の政権であるとして中華人民共和国を認めてこなかった。しかし世界と日本における中華人民共和国承認、国交回復の世論の高まりもあって一九七二年九月日中国交正常化、一九七八年八月日中平和条約締結となり、永年に渡る不正常な関係に終止符が打たれた。

一九七八年年末に中国で「改革開放」政策が決定されたのを契機に、日本企業による中国投資も進み、多方面にわたる交流が一気に進んだ。ところが一九九〇年代後半になって日本の首相の靖国神社参拝などで日中の政治関係は急速に冷え込んだ。こうした状況を日中関係者は「政冷経熱」、つまり経済関係では盛んに交流しているが、政治関係は冷え込んだ状態に陥っていると評していた。

日本側はもちろん中国側においても、こうした事態を打開しようとしてさまざまな取り組みが開始されていた。本書では紙幅の関係で省略するが、そうした取り組みの最大の物として首脳が直接対話する重要性が相互に認識され、中国から温家宝首相が「氷を解かす旅」と銘打って二〇〇七年四月に来日されることになった。そして首脳間対話だけではなく、それを機会に温家宝首相が日本の青年学生と直接交流する場を設定しようということになった。私は事の重要性と、上記してきたような、この間の立命館の取り組みを踏まえれば、当然「立命館が名乗り出るべき」

だと考え理事会に諮り合意を取り付け、北京の中国外務省や東京の中国大使館に赴き何回となく協議を重ねた。その際、問題になったことの一つが安全問題であった。江沢民氏が来日した際、早稲田大学で講演した。そのとき、講演会場で一部の学生が江沢民氏の演説にヤジを飛ばし妨害した。中国、そして江沢民氏の評価云々ではない。国賓として来日し、早稲田大学を日本を代表する大学の一つとして日中両国政府が位置付けて講演したのである。そこでヤジを飛ばして妨害するなど最高学府の学生が取るべき態度ではない。中国政府は厳しく抗議するとともに、温家宝首相の講演先として早稲田大学を対象とすることはあり得なかった。私は「立命館大学では建物の入り口でチェックし、そのような失礼なことが起こらないようにする」と約束した。

そのとき「法輪功（異端宗教として中国政府の取り締まりの対象となっている）の抗議行動も阻止してほしい」と要請された。

私は「法輪功は中国の組織であり、立命館大学の中には存在していないと推察している」「首相の車に向かっての抗議行動を止めてほしい」「日本では政治・思想・宗教の自由を認めている」「公道は我々の管轄外であり、警察に警備上の問題として提起します」などのやり取りをして納得してもらった。

当日、警察は大学の周辺に警備体制を敷いた。温家宝首相が立命館大学の正門付近に到着したとき、プラカードを持った法輪功が現われ抗議したが警察の警備に阻まれて学内には侵入できなかった。そのとき「人殺し商工大臣、薄熙来糾弾」なるプラカードを見た。薄熙来が遼寧省の党書記（責任者）をしていたときに過激な弾圧を行ったことへの抗議行動であった。薄熙来はその後、重慶市党書記になったが、そこで腐敗を理由にして習近平政権に逮捕され有罪となり、現在刑務所に収監されている。

このとき、もう一つ学内的に問題があった。中国政府を代表しての来校であるから中国の国旗を掲げて迎えるのは当然のことである。同時に迎える側の国である日本の国旗も掲げるのが国際儀礼である。会談するテーブルにも中国と日本の小型の国旗をクロスした物を設ける。それに対して一部の人々からではあるが「日の丸を掲げることは認められない」「どうしても掲げるのなら立命館の旗を掲げるにとどめるべきである」と主張された。「日の丸」にたいしての自分達がどのような見解を持ち主張するかの問題ではない。国賓を迎えるに際して相手の国旗と日本の国旗を掲げるのが国際儀礼である。当然、立命館の旗は掲げた。しかしそれは中国国旗に対する物ではない。国旗に政治的責任がある訳ではなく、旗を掲げて何をしているのかが問題である。しかし明治以降の歴史の中で「日の丸」の下で侵略戦争が行われたことを考慮するなら、戦後、平和と民主主義の憲法を定めた段階で、新しい国旗・国歌を定めるべきであったが、残念ながら現憲法を支持した側にその力はなかった。

私は個人的には、立命館のアメリカンフットボールチームが学生日本一となり、社会人日本一のチームと日本一を決める試合が後楽園ドームで開催されたとき、開会にあたって「日の丸」が掲げられ「君が代」の斉唱が求められた。三万人を超える観客の中で私は友人たち数名と起立せず斉唱もしなかった。しかし国際儀礼の受け入れ態勢を作るにあたっては自分の個人的見解とは区別して行動した。残念ながら反対を主張した人達の理解を得られることはなかった。

温家宝首相は図書館において五〇〇名の教職員学生に出迎えられ、中国語を学ぶ学生との対話、立命館小学校の生徒と漢詩の朗読、その漢詩の揮毫を行い「中国文明の精華」ともいうべき『四古全書四〇〇巻』の寄贈を行われた。続いて京都市立野球場において、日中友好三五周年を記念して作られた立命館大学硬式野球部背番号三五のユニホームを着て、立命館の中高等学校ならびに大学の硬式野球部員総計二〇〇名とキャッチボールや模擬試合などで交流した。これを契機に温家宝首相は立命館大学硬式野球部を招待され、私も同行し、上海と北京の社会人チームとの交流試合を行った。

立命館大学野球部のユニホームを着て、
温家宝首相

さらにその年の秋、日中青年学生交流集会が開催されたが、様々な交渉の末、立命館から三〇〇名余りが招待され、一大学としては最大規模の参加者となった。祭典の全体会場で、まだ中国には本格的にはなかったチアリーダーが数十名規模で演じ大きな喝采を受けるとともに、北京大学などから「本学でも創設したいので教えてほしい」との申し入れを受け、夏休みなどを活用して練習交流が行われた。私が驚いたのは立命館の囲碁部と北京大学などの囲碁愛好者との交流試合であった。開催するにあたって私は「囲碁は中国で生まれ、日本が学んだものですが、立命館の囲碁部は日本の大学のクラブとしては毎年一、二位になっていますから難しいですよ」と言っていた。しかし結果は三対二等で敗れていた。私が中国重点大学の幹部を対象とした大学管理運営幹部研修を行ってきたことは既に記してきた。そこで入試改革として「学力順位」だけではなく、合格ラインより一〇％ぐらい低い範囲内で、スポーツ活動や文化活動で全国八位以内等の学生を受け入れるという仕組みを紹介したりしていた。多様な学生を受け入れるという点で一定の学力を前提に、一芸に秀でた人を受け入れていたのである。それだけの力を身に付けている学生は、学力だけでは表せない、集中力、持続力、工夫力があるからである。ところでなぜ、北京大学の「囲碁愛好学生」が日本で一、二位の立命館囲碁部の学生達に勝ったのであろうか。それは中国の重点大学では私が説明したようなことを取り入れ、副学長の権限で入学定員の五％以内で一芸入試選抜を行っていたのである。囲碁に関しては、一定の学力を前提に、中国の囲碁プロ試験に合格したものを受け入れていた。「これは良い」と思ったら直ちに実行する中国の対応の早さに改めて感心させられた。

中国大学管理運営幹部研修を実施するために各省の教育庁、財務庁とカリキュラムならびに費用の交渉のために中国へ出かけ、ほぼ全中国を回ることになった。その間に個人旅行としても中国を一〇回ばかり訪れた。こうして私はウイグル、チベットを含めて中国の全省を回り、少なくとも四〇回以上中国を訪ねた。そんな中で私が見たり知ったことの内、二つの問題を取り上げる。

乾燥化・砂漠化

中国の公害のひどさについて、日本でもよく問題になる。大気・河川・土壌の汚染が写真入りで日本のマスコミでも取り上げられている。大気汚染は排出先の工場などに対する規制を行えば克服できる。現に北京オリンピックや上海万博のとき、期間中工場閉鎖を行うことによって青空の「北京晴れ」が広がっていた。しかし大会が終わり規制が解かれ工場が再稼働した途端にＰＭ2.5に覆われた空に戻った。河川の汚染もそうである、あらゆる種類の汚染物質を含んだ工場排水が河川に流され汚濁している。これも排水についてきちんとした規制を行えば克服できる。ただ私がモンゴルのウランバートルで見聞したこととして、排水規制にたいして工場内に地下深くパイプを設置し、そこへ圧力をかけて汚染排水を地下に流し込むということが行われ、ウランバートルの地下水が汚染されていた。汚染された地下水脈を除染することは極めて難しく、後世に残る問題になる。土壌汚染は、手間と労力がかかるが汚染された土壌を除染すれば何とかなる。問題は政府が本気になって解決に向けての取り組みを行うかどうかである。ここでは問題の所在だけについて触れた。

以下、日本では余り問題になっていない乾燥化・砂漠化について紹介する。北京から北へ飛び、内モンゴルからモンゴルへ行くとき、また北京から西へ甘粛省やウイグルへ飛んだとき、北京郊外を七〇～八〇㎞進むと眼下に異常な景色が広がってくる。道路や畑が砂で覆われている。農業用灌漑の溜池が月のクレーターのように干上がって砂に覆われている。

人口過密で農地の少ない日本では、かつて農家一戸当たりの農地の平均は〇・八haであった。意外と思われるが、中国農家の一戸当たりの平均農地は〇・六haである。中国政府は、この農民たちに広い農地を提供するため、また少数民族が多数を占めている内モンゴル（モンゴル族）や甘粛省（チベット族）の人口構成を漢族優位にするために漢族の農民を多数送り込んだ。これらの地域は、いずれも半乾燥地域でモンゴル族やチベット族によって遊牧が行われていた。やってきた漢族の農民たちは草原を農地に変えた。しかし農業を行うだけの水の確保ができないために、深い井戸を掘って農業用水を確保した。地下水をくみすぎるとやがて塩分を含んだ水となり農業ができなくなり放置されることになった。半乾燥地域でかろうじて数十cmの草が生え自然の環境バランスが保たれていた。しかし草を刈れば下は砂地である。水を撒いているうちは良かったが、水を撒かなくなると、たちまち砂漠化したのである。機上から見るとそれが良く判る。何百kmに渡って、道路、畑、村が砂に覆われた無人の廃村が点々とある。甘粛省の蘭州の飛行場は、ほぼ砂漠の中と言って良いところにある。飛行場から七〇kmぐらい砂漠の中を走って行くが「こんなところに街があるのか」と思っていると、突然、蘭州の街が現われる。そこはヒマラヤ山脈の雪解け水が流れる黄河の両岸に広がった街である。その黄河は北京が近づくころには途中で水がくみ上げられ、ほとんど流れはなくなっており、渤海湾にそそぐ河口地点では年間何日も水がない状態になっている。

北京市内から車で三〇分ほど行くと有名な盧溝橋がある。日中戦争が始まったところである。

マルコポーロが大元の首都であった北京にやってきたころにはあった石造りの立派な橋である。橋の長さ（川幅）は二五〇ｍぐらいであるが、一年の何日も全く水が干上がっている。北京市民の上水の確保が難しく「首都北京の水を守れ」の方針の下、郊外にある農業用の灌漑ダム六カ所が北京の上水用に使われ、周辺の農家のメロン栽培などが困難に陥っている。北京市民が、それを知っているかは分からないが、若者を中心に「朝シャン」が行われている。

蘭州の大学の教員と知り合いとなり、私が郊外の砂漠化の話をしたとき、ある教員は「政府は砂漠化を止めるために植林を奨励していて、私のような大学教員に対しても年何日か植林事業に参加することを義務付けているので参加しています。しかし私のように研究と教育しかしたことがない人間が、植林などやっても上手く行くわけがありません」と語られていた。現在では大学教員などの植林事業への参加は日数に応じたお金を支払えばよいことになっている。こうして中国は、今では世界で最も年間植林本数の多い国となっている。しかし砂漠化は北京郊外七〇㎞ぐらいのところまで来ており、中国政府は必死になって郊外の防砂林としてのベルト地帯の形成に努めている。間に合わなければ古代西域の楼蘭《ろうらん》のように北京は砂に埋もれてしまう危険がある。

北京からモンゴルへ向かう飛行機の中から内モンゴルを見ても蘭州郊外と同じような景色が広がっている。そして内モンゴルからゴビ砂漠を越え、モンゴルへ入ると、草原が広がっている。地下水をくみ上げる農業を行ってはダメなのである。漢族がやって来て草原を畑に変え地下水の塩害で農業ができなくなり、「農地」「集落」を放棄して帰って行った後に残ったのは、元の草原ではなく、モンゴル族やチベット族がふたたび遊牧などできない砂に覆われた荒れた土地である。これは程度の差はあっても、地下水をくみ上げスプリンクラーで大規模灌漑を行っているロシアやアメリカの乾燥地帯でも必ず起こる問題である。

万里の長城と騎馬民族

日本人を同行して北京を訪ねたときには、北京郊外にある観光地となっている万里の長城を何回となく案内した。あるとき、万里の長城の北側に結構起伏のある禿山が延々と続いていることに気が付いた。こんなところから騎馬民族が侵入してくるのだろうかという疑問がわいた。また中国の北部の地方を何回か旅したとき、万里の長城が北京郊外の物と比較して簡単なもので、これで本当に騎馬民族の侵入を防げるのだろうかと考えた。

この二つの疑問が私の頭から離れなかったが、モンゴルへ行き、遊牧民族のことを多少見聞する中で疑問が解けた。騎馬民族が農耕民族の歩兵に比べて圧倒的に強いのは、馬に乗り集団で攻撃するからである。歩兵に比べてスピードが早く、高い位置から攻撃できる。馬から攻撃するために軽くて強い剣、小さくて遠くまで飛ぶ弓を開発した。普段は家族単位で遊牧しているが、戦争となれば一〇騎で小隊、一〇小隊で一中隊、一〇中隊で一大隊を組み、何千、何万の騎馬隊で攻撃する。この騎馬民族の攻撃を防ぐためには、馬で乗り越えられない土塁・壁を作ればよい。我々日本人は、梯子をかけて登れる程度であれば侵入できると思うが、馬が乗り越えられなければば騎馬民族は農耕民族の地域に侵入できない。だから私たちから見れば簡単な土塁的長城でも侵入を防げるのである。これを突破し農耕民族の何千何万の歩兵を打ち負かし支配するためには、何百騎という単位ではなく、何千騎、何万騎の騎馬兵の侵入が必要である。何百何千という騎馬の弓隊が一斉に矢を放ち、相手が動けない状態にした上で、並べてある巨大な投石機から巨石を放ち長城を打ち破り、そこから騎馬兵が突入するということをしなければならない。そのために何十年に一度出る偉大な組織者の統率の下に、何万という騎馬部隊を組織しえたときに農耕地域へ侵入し支配できたのである。そして家族は騎馬兵の部隊の後方にいて補給部隊となる。軍隊では戦闘部隊とともに補給部隊がカギである。騎馬民族の馬は草原の草を食べるので特段の補給はいらない。兵士の食料は家族が引き連れている羊である。だから騎馬兵だけの侵入ではだめで、補給部隊である家族も羊などの家畜とともに侵入できなければならない。長城を突破して侵略できるのは、先に記したように何万人という部隊を組織できたときである。

北京周辺の長城が硬質の煉瓦でつくられ、高さが一五mを越え、頂上も立派な建築物になっているのは、騎馬民族の侵入を防ぐというよりも長城の内側にいる民に対して王権の偉大さを示すための面が強いのだと思う。ただ、明の北東にいた満州族は、何回か長城を越えて侵攻しようとしたが、山と海の間にある山海関の強固な長城に阻まれて侵攻できなかった。結局、山海関の守備隊長であった呉三桂が寝返り、清の側に付いたために山海関を突破でき、中原を支配することができた。

京都市嵐山の「日中不再戦の碑」の前で、王毅特命全権大使（現・外務大臣）と

ところで私は、事ある度に何回となく在日本特命全権大使である王毅氏（現・外務大臣）と折衝し知り合いとなった。あるとき、京都や西安などの街づくりが話題となった。そのとき王毅氏は、「北京や西安（旧・長安）は遊牧民が作った街ですから」と語った。そのとおりなのである。普通の日本人には意外と思われるが、隋・唐を建国したのは農耕民族である漢族ではなく、遊牧民なのである。彼らが長安（現・西安）を作ったのであり、北京はモンゴル人の元が、何もないところに一から作った街である。

「日本」は「日本語」を操る大和人が奈良に都を作り、北は東北地方、南は九州までを支配する大和朝廷を建国したのが始まりで、それ以来、アイヌ人が暮らしていた蝦夷（現在の北海道）と独立王国であった琉球王国（現在の沖縄）を除いて、日本人が支配する地域・国家として続いてきた。しかし中国大陸は違う。隋・唐、金、元、清は遊牧民が農耕民族を支配していた国であり、秦や宋そして明は農耕民族である漢族などが統治していた国である。万里の長城は秦の始皇帝が、それまであった地方ごとの長城をつなぎ合わせて作った。宋の時代には修復して活用した。現在の万里の長城は明が作ったものである。つまり万里の長城は遊牧民が支配していた隋・唐、金、元、清の時代には無用の長物であった。都（首都）として作られた長安（西安）は統治しやすいように、西の遊牧民が住んでいる地域と東の農耕民族の住んでいる地域の境に作ったのである。同じく北京は、北の遊牧民地域と南の農耕民族地域の境に作ったのである。

我々日本人が習う「世界史」では、農耕民族の漢族が打ち立てた文明国家中国へ、周辺の野蛮な遊牧民が侵入して来たのを漢族が撃破したとの印象を持っている。そうではなく、中国大陸では農耕民族の王朝と遊牧民族の王朝が入れ代わって来たのである。「中国の歴史」というと、何か農耕民族の国が続いてきたような印象を持つ。従って私は様々な民族の支配地域が入れ代わって来た「ヨーロッパの歴史」と同様に「中国大陸の歴史」と言っている。なお歴史上、「中国」という国はなかったし、「中華民族」という民族はいない。満州族が支配していた清の時代に孫文らが清を倒すために漢族だけによる革命ではなく「満州族に支配されているすべての民族は団結して闘おう」を表現するために満州族を除いて中華民族という言葉を作った。そうしたことから革命成功後、国名を「中華民国」と名乗った。中華民国を倒した毛沢東も、それを受け継ぎ国の名前として「中華人民共和国」と命名した。しかしアメリカ合衆国国民としてアメリカ人はいるがアメリカ民族はいない。同様に、中華人民共和国人民はいるが中華民族という民族はいない。

次に騎馬民の国家であったモンゴルについて記す。

三　モンゴルでの肝臓病克服・乾燥化防止の取り組み

立命館は二〇〇〇年に大分県別府市に日本で最初の本格的国際大学である立命館アジア太平洋大学を開校した（教員・学生共に日本人と外国人の比率を五対五、日本語と英語の二言語教育）。そのころモンゴルからも多数の留学生があったが立命館大学には学部生ゼロ、大学院に二名が在籍するだけであった。国際部も担当していた私は二〇〇七年にモンゴル大学、モンゴル科学技術大学に、主として理系の学生、とりわけ大学院生の留学生を迎えるための協議に出向いた。

なぜ留学生確保のために高校ではなく大学を訪ねたかというと、モンゴルは高等学校修了時点で一一年制であり、日本など一二年制を採用している国の大学に直接に入学できず、いったん大学に入り、最低一年間在籍してからでなければ一二年制を採用している国の大学への進学ができないからである。アジアではインドネシア、フィリピンもそうであった。大学に入学して一年間の間に日本語を勉強し、日本の大学教育を受けられるようにしていた。

モンゴル大学、モンゴル科学技術大学、いずれも学長が出迎えられた。両大学ともいかにもロシア風の建物であった。社会主義時代にソ連の援助で作られたのであろうことが一目でわかった。

最初に訪ねたモンゴル大学学長との面談予定時間より少し前に着いたので、中庭に入り見学しようとしたところ、手入れがされていず草ぼうぼうであった。私はロシア民謡の「仕事の歌」の歌詞をもじり「ロシア人は建物を作り、モンゴル人は草をはやす」などと、冗談交じりにしゃべっていた。やがて迎えの人が来て学長室へ案内された。協議しているとき、学長の態度が、まったく心ここにあらずの「上の空」状態だったので、「日本の大学への学生留学などには興味がないのかな」と思い、「この大学では日本の大学への留学はあまり関心がありませんか」と質問した。すると「いや、そうではありません。失礼になっていたらごめんなさい。実は社会主義崩壊後、大学の予算がドンドン削られ、見られたとおり建物の修繕や庭の手入れもままならぬ状況です。先日、政府から新しい通達がきまして人件費についても大幅に削減され、各大学の経営的努力で賄いなさいと言われました。その際『経営的努力として、産学共同などを取り入れた大学らしいやり方での収入源確保に努めること』と言われました。しかし日本などの先進国と違って、製造業などの大企業があるわけでもなく、今日明日に産学共同で収入源を確保するなど不可能です。もうじき給料日ですので、どうするか頭を悩ませているところなのです」と言われた。モンゴルは一昔前の中国と一緒で、モンゴル大学は文系、モンゴル科学技術大学は理系の大学なので、文系のモンゴル大学が産学連携で収入を補うなど不可能に近いことであった。同情はしたが、返す言葉がなかった。国家が財政破綻することの意味を目の当たりにした。

モンゴル科学技術大学を訪ねたときは、モンゴル大学ほどの悲壮感・深刻感は感じられなかった。社会主義体制が崩壊してから既に一〇数年が経っており、それなりに運営しているという感じで、大学院生を中心に交換留学などについて協議した。そのとき通訳してくれた女性の日本語の先生、ほとんど日本人と変わらない、よどみない日本語を話されていたので「先生は、どこで日本語を学ばれたのですか」と質問したところ、「独学です」と言われた。「独学でそこまで上手になられたのですか」と言ったところ、次のような説明があった。もともとロシア語の教師だったのだが、ソビエトが崩壊しモンゴルでもロシア語を学ぶ学生はほとんどいなくなり、外国語の選択は英語、日本語、中国語が中心となった。英語と中国語は社会主義時代でも第二外国語として行われていたので教師もいたが、日本語教育はほとんど行われていず、担当の教員もいなかった。モンゴルで社会主義が崩壊したとき、日本がいち早く、大幅にODAで支援した。そのため現在でもモンゴルのODA残高の半分近い額が日本で、ダントツの第一位となっている。そのODAの有力な支援対象が、モンゴル再生のための人材養成としての日本への留学生派遣事業であった。したがって今までほとんどいなかった日本語教師が必要となった。ロシア語教師に対して日本語への語種転換が求められ、一年間の給与保証付きで勉強、それで試験にパスしなければ二年目は、身分は大学教員であるが給与はなしとされた。二年間を経ても合格しなければ大学教員としての身分も失うという厳しい条件が課せられ、必死に勉強し、日本語大学教員の資格を取ったそうである。日中国交回復したときも同様で、日本の支援で大量の留学生が日本にやってきた。ただ中国の場合は戦前以来の経緯があり、日本語教師がいたのでモンゴルのように語種転換が大規模に行われることはなかった。なお、アメリカのロシア語教員もモンゴルと同じような対応を受けた。

前項「二　中国で…」で書いた中国側と交渉していたとき、通訳の女性の大学での専攻は化学であった。「それにしては日本語が上手ですね、どこで勉強したのですか」と聴くと、「中学・高校の時の第一外国語が日本語であり、大学は北京の精華大学で化学を専攻しましたけれど、日本語も勉強していました」と答えられた。中国の中学や高校で第一外国語として日本語を教えている学校があることに驚き「どこの学校ですか」と聞くと、内モンゴル自治区の学校で学んだウイグル系の人であった。そうなんだ、忘れていたが「満蒙は日本の生命線」の「蒙」は内モンゴルのことで、一九三一年に「満州事変」で日本軍が侵略し占領したのは「満州」だけではなく内モンゴルも占領支配下に置き、日本語教育を行っていたのだ。そのため戦後、中華民国時代も中華人民共和国の時代も「内モンゴル」の中学や高校の外国語教育として日本語教育が行われていたのである。これは東北地方の大連や瀋陽、長春などでも同じであった。内モンゴルで第一外国語が全面的に英語に代わるのは二〇〇〇年代になってからである。

ところで内モンゴル、外モンゴルという言い方は中国人の言い方であり、モンゴル人は言わない。中国が「固有の領土」という場合、清国の支配地域であった地域のことをいう。それが台湾、チベット、ウイグルを中国の固有の領土という根拠となっている。モンゴルも同じで、現在の中国の内モンゴル自治区もモンゴル国も清国の時代、清の支配下にあった。ロシアと清国の間で国境線を巡る争いがあり、一八五八年の藍軍条約で日本海に面した沿海州はロシアの物となった。そして一九二四年ソビエト軍の支援の下、モンゴルの中国からの独立闘争が行われたが、ソビエトと中華民国の取引で南側が中国のモンゴル自治区、北側がモンゴル社会主義共和国となった。そのため中国は「ソビエトに奪われた」との認識で「外モンゴル」と言ってきた。つい最近まで台湾（中華民国）の地理の教科書ではモンゴル国も中国の領土として描かれていた。

しかし、モンゴル人の認識は異なる。もともとモンゴルはロシアでも中国でもない。それどころか「世界で唯一、ロシアも中国も支配したのはモンゴルである」との認識を持っている。一九四五年、日本が第二次世界大戦で敗れたとき、「内モンゴル」では中国からの独立の動きがあったが、徹底的に弾圧された。シベリアは一九世紀になってからロシアが日本海、太平洋に出るため、毛皮商人たちを先鋒にして侵略し支配地域にしていった。現在でもロシア人は少なく、元々いたアジア系の人々が多数派である。大阪のロシア総領事館に招かれたとき、「歓迎の踊り」が披露されることになった。私はてっきりロシア人の踊りが紹介されると思っていたが、出て来たのはモンゴル人であった。そうなのである。シベリアの南側に居住しているのはモンゴル人なのである。現在の国境線で物を考えてはならないことを思い知らされた。

こうして私は二〇〇七年、二〇〇八年と二年連続モンゴルを訪問する中で、モンゴルの政府関係者、そして在日本モンゴル大使館のジクジッド特命全権大使などとの交流を深めた。二〇〇八年、モンゴルのオーヨン外務大臣がモンゴル経済の発展のために二〇名余りの財界人と来日されることが分かった。そこでジグジッド特命全権大使に連絡を取り、大阪でのシンポジウムでオーヨン外務大臣と面会し、「立命館大学で講演しませんか」と働きかけたところ快諾された。

春休み中であったが二〇〇名余りが参加して成功した。そのとき、一人の女子学生がモンゴル語で質問した。質問の主旨は「モンゴルでは現在、主力産業として鉱山業が盛んになっていますが、掘り出した石炭や銅、鉄などの洗浄に使った水が垂れ流しされ、公害が起こっていると聞きますが、政府はどのように対応されようとしているのですか」と。私はその学生はてっきり理工系に留学しているモンゴル人学生だと思った。大臣も、答える前に「モンゴル人留学生ですか」と質問されたところ、「日本人の学生で、国際関係学部で勉強しています」と答えた。会場にどよめきが起こると同時に励ましの拍手が起こった。大臣は「よく勉強されておられますね。そうです。モンゴルでは現在、第一位の産業が鉱山業（石炭・鉄・銅）でＧＤＰの半分近くを占めています。ただ大半は中小企業で、洗浄の技術もなく除染水は垂れ流しにされています。そこで政府としては厳しい規制の法律をつくり近く施行します。その基準を守れる技術を持っているのはカナダなどの外資系の大企業しかありません。従って法律が施行されれば一時的にはモンゴルの鉱山業の主力は外資系になる可能性がありますが、仕方がないと考えています」との回答をされた。

その後、私は、こうした措置が取られ放棄された古い炭鉱を見に行ったことがある。日本の江戸時代のような手掘りで、木で作られた危険な坑道の入り口付近に排水を流す小川のような「川」があった。近づくと我々に気が付いたのか、坑道の中から石炭の煤塵で真っ黒に汚れた複数の人が出て来た。盗掘していたのだ。かかわっては危ないと思い車をUターンさせて逃げるように走り去った。現在は大概のところは露天掘りで大規模な採掘を行っている。採掘した石炭などを運搬するのに一〇〇tは積める大型のダンプカーを使っている。しかし道路はなく、草原の上を一〇〇t、あるいは二〇〇tの超大型ダンプカーが直接走るために、草原はたちまちデコボコの砂地になり、車の走行が難しくなる。デコボコの砂地を避けるために車は横の草原を走る。そんなことを繰り返すために幅二〇〇～三〇〇mぐらいのデコボコ砂地「道路」がいたるところにできている。これも後記するモンゴルの砂漠化の一つの要因となっている。そんな道を車で走っていて、横を二〇〇t積のダンプカーが何台も砂塵を巻き上げて追い抜いていく光景は、日本人がイメージするモンゴルの草原とは異なるすさまじい現代のモンゴルの姿でもある。

先のオーヨン外務大臣は東欧の大学に留学した自然学系、とりわけ環境問題を専門に勉強してきた人で、政府に対しては野党系の人であったが、その力量が買われ、外務大臣の次に自然環境大臣に就任された。

ところで二〇一二年、日本の新聞に「アメリカと日本がモンゴルに原子力発電所建設を支援する。その代わりに広いモンゴル高原にアメリカと日本の核廃棄物の処分場を作らせてほしいと申し入れ了解を得た」と報道された。そのあくる日、モンゴルにおいて先のオーヨン自然環境大臣が記者会見し「そのようなことを話し合ったことはないし、ましてや同意などしていない」と記者会見で発表した。しかしこの記者会見の内容は日本のマスコミでは全く報道されなかった。核兵器禁止に反対し、原発の再稼働を進めている日本政府の下で、日本ではほとんど報道されていないが、モンゴルはソ連（ロシア）と中国という核大国に挟まれていることから、非核国家を国是としている。従ってアメリカや日本からの原発支援、ましてやその見返りとして核廃棄物の処分場など認めるはずがない。私は、この報道はモンゴルを揺さぶる相当謀略的な行動の一貫だと考えている。

国民病としての肝臓病

話を元に戻して二〇〇八年にオーヨン外務大臣が来日したおり、随行してきた一人のモンゴル人から面談を申し入れられた。アマラという医師で、ウランバートル市の市会議員で公衆衛生委員会の委員長をしている人であった。ジグジッド特命全権大使から、私がベトナムや中国において国際協力事業を進めているということを聞き、面談し協力を得たいということであった。二時間ばかり話し合った。

アマラ氏はモンゴルの伝統医学を学ぶ大学を出た人で、政府から東大の研究生として派遣されて大学院に入り、肝臓病ウイルス研究で博士号を取得した。その後、ハーバード大学の臨床医学研究科で肝臓病の臨床医学博士を取得してモンゴルに帰国した。彼はある程度は予測していたが、モンゴルにおいてC型肝臓病が蔓延していて（国民の一七％ぐらいと推察）国の存亡にかかわる事態になっていることに驚いた。彼はモンゴル科学アカデミーの医学部門に所属し、モンゴル医科大学の教員として学生たちに教えているが、自分が東大やハーバードで学んだ最新の医学を実際の治療に生かしたいと考え、肝臓病専門の診療所を作ったが、最新の医療器機を導入したいので支援してほしいとのことであった。

モンゴルでC型肝炎が蔓延した原因は日本と同じで、社会主義時代に予防接種の際に注射針を使い回していたことが大きい。中国などと違って小さな国でソ連の指導の下、全国民的規模で使い回しが行われたために起こった。感染してもすぐに発病するわけではなく、二〇年ほどの潜伏期間がある。注射器の使い回しは六〇年代中頃に止められたが、八〇年代中頃から発病者が出始めた。白鳳のお父さんもC型肝炎患者でアマラ診療所で治療を受けていて、大相撲のときに白鳳の応援にやってきたときは、アマラ医師の東大時代の恩師の病院で治療を受けていた。私はこの話を聞き、有志による支援カンパを組織し毎年届けてきた。診療所の待合室には寄付者の氏名を書いた表示板を設置してもらっている。今では入院治療もできる、モンゴルで肝臓病の検査と診療において最もレベルの高い病院となっている。

乾燥化・砂漠化とスラム街

こうして毎年のようにモンゴルへ出向く中で、二つのことに気が付いた。それは草原の乾燥化とウランバートル周辺のスラム街の大規模化である。

中国からモンゴルへ飛行機で移動すると、中国側がすさまじい勢いで乾燥化・砂漠化していることを前項「二　中国…」で記した。一方、モンゴル側に入ると、青々とした草原が広がっている。しかし、よく見ると最近はモンゴル側でも草原の乾燥化が進んでいる。草原といっても標高二〇〇mぐらいの丘と丘の間のくぼみ部分が草原で、丘の部分は樹木で覆われていた。ところが中国の「改革開放」政策によって木材需要が増え、モンゴルまで買い付けに来るようになった。社会主義が崩壊し拝金主義が広がったモンゴルで、中国人商人がばらまくお金で、瞬くうちにモンゴルの樹林が伐採されてしまった（今は伐採して外国に売却することは禁止されている）。そのため保水力が衰え草の成長が抑えられた。それに付け加えて過剰放牧がある。かつて自給自足で暮らしていた遊牧民も冷蔵庫やテレビを購入し、太陽電池パネル、そしてオートバイやトラックも購入しだした。そのため多くの現金が必要となり、かつて一家族で四〇～五〇頭の羊で暮らしていた遊牧民が、二〇〇～三〇〇頭の羊を飼いだし、大量の草を食べることになった。羊は表面に生えている草で足りない場合は根まで食べてしまう。モンゴルや中央アジアの半乾燥地の草原の表土は薄く、直ぐ下は砂地である。羊が根まで食べるとすぐに砂地が出てきて一気に砂漠化する。過剰放牧による食べ過ぎによって、草原はたちまち乾燥化が進行し、牧草が少なくなり冬用の乾燥牧草を確保できない遊牧民が現われ、冬に羊が餓死・凍死し、全モンゴルで何十万頭という羊が失われた。こうして生活に行きづまった遊牧民が大量にウランバートルに流れ込んだ。旧市街地の住民が約五〇万人に対して、市街地の外側にそれを上回る七〇万人ものスラム街が形成され、いまや東アジア最大のスラム街となっている。

遊牧民の集住するゲル地区

日本人はスラム街と聞くと、立て込んだバラックの密集地帯を思い浮かべる。モンゴルは、日本の四倍の面積に四〇〇万人弱しかいない遊牧民の国家であったからもともと土地の私有という概念はなかった。そこに「社会主義国家」が形成されたので「土地は社会のもの」という概念が長くあった。しかし都市に大量の人々が流れ込んだため、居住区には境界を引かなければならなくなった。そのため政府は一人当たり〇・七ha、五人家族であれば三・五haまでを「ここは私の居住区」と登録すればよいという制度とした。三・五haの土地を木製の塀などで囲むのは費用がかかりすぎる。大概の人は日本でいうと五〇〇〜七〇〇坪ぐらいの土地を自分達の土地として登録して住んでいる。したがって日本で言うスラム街のイメージと違って広い敷地に住んでいる。移ってきたときはゲル（遊牧民のテント）を建てて住み、土木工事などの仕事を得られると小さな家を建て、さらに子供が成長して仕事に就くと普通の家を建てる。モンゴル語ではゲル地区（テント地区）と言われていたが、今もゲルに住む人もいるが、旧市内は地価が高いので広い土地を確保できず、マンション住まいが主流となっている。金持ちの中にはゲル地区に大きな家を建てている人もいる。

電気は電線の配線ですむが、水道や下水はそうはいかない。上水は街のあちこちの道路わきの小さな交番のような建物に、蛇口付きのタンクが設置されている。そこへ市の給水車が水を運び、住民は管理人にお金を支払って水を買い自宅へ持って帰る。下水はなく各自が敷地内に撒いている。問題はトイレである。ゲルで移動生活していた遊牧民はトイレを使う習慣はなく、草原で用を足していた。しかし都市のゲル地区に住むようになると、近所の目もあるので敷地内ですませるわけにはいかなくなった。そこで敷地内に穴を掘り、その上に小さな小屋を置きトイレとした。穴が満杯となると土をかぶせ別の場所に穴を掘り新しい小屋を置く。その結果、スラム街の再開発では、この溜っている便をどのように処理するかという問題が生じ、衛生省の副大臣となっていたアマラ氏から相談を受けた。広大な敷地にひろがるスラム街に下水道を引き水洗トイレ化するなどは不可能である。バイオトイレも考えたが、一軒当たり四〇万円ぐらいはかかり、住民にとっては高すぎ普及は難しい。お金持ちの家にはすでにバイオトイレが設置されているし、大きな上水用タンクも設置され、お金を払って給水車で水も運ばれ、バスルームも設置され、台所を含めて水道化されている。

現在の遊牧民のゲル

結局、ドラム缶や陶製の甕を使った汲み取り式のトイレしかないではないか。敷地が広いのでドラム缶や甕の底に穴を開け、尿は土中に浸透させ自然に浄化させる。糞だけを回収し、郊外の工場で肥料に変えるのが現実的だろうということになった。それをウランバートル市の事業として進め、ＪＩＣＡの支援を受けるという構想とした。そのとき、既存のトイレの糞の処理をどうするかという問題が残った。

そこで私は立命館大学の理工系の研究者何人かに相談したところ、バイオの専門教員から「糞尿を好んで食べる菌を入れてやれば良いです」というアドバイスを受け、その先生にモンゴルの現地調査に同行してもらった。市の担当者の同行の下、スラム街に入り、何カ所かのトイレを見せてもらった。ある家で古いトイレと離れたところに新しいトイレが建てられていた。先生が住民に「この古いトイレは何年前に破棄されましたか」と質問された。住民は「八年前ぐらい前です」と答えた。すると先生は「問題ありません。五年以上たっている物は土に返っています」と答えられた。科学的にはそうなんだろう。こうした私たちの調査と知見に基づいてウランバートル市と共催でトイレ問題解決のシンポジウムを開催した。現地のマスコミがほぼ全社参加し、大きく報道された。担当の副市長の招待による食事会でも和気あいあいで今後のＪＩＣＡへの申請について語り合った。

ところが我々の調査結果と知見の結論が、モンゴル側に意外な反応をもたらすことになった。私たちはウランバートル市当局と、簡易汲み取り式トイレの普及、糞便の回収とそれに基づく肥料化という計画に合意し、ＪＩＣＡに支援を申請しようということになった。担当の副市長が来日された。私はあらかじめＪＩＣＡに連絡しウランバートル市から申し入れを前向きに引き取ってほしいと連絡もしておき、大阪空港に着いた副市長をはじめとする代表団に「ＪＩＣＡにも話してあるのでよろしく」と念を押しておいた。しかし彼らが訪ねた後、ＪＩＣＡに話を聞くと、ゲル地区のトイレの改良支援についてはまったく触れられていなかったことが分かった。

スラム街住民のトイレ問題の解決の費用はたかが知れている。その上、再開発するうえで既存の糞尿の処理などほとんど心配することではないことが分かった。つまり古いものはそのままでよい。新しいものは人糞を好んで食べるバイオ処理で済むことが分かり、あえて日本へのＯＤＡ支援を要請する必要はない。それよりもモンゴル飛行場建設や飛行場から市内に入る道路建設の費用の方が大きいことから、そちらを優先順位の上位とし、スラム街のトイレ問題解決プランは申請されないことにされた。この事業推進のために二年かがりで四回モンゴルに足を運んだことは無駄足となった。しかし今や日本からのＯＤＡは善意の押しつけではなく相手国政府の判断が優先するのであるから、それはそれで仕方がないことなのである。

実はスラム街とかかわってもう一つ大きな問題がある。それはゲル地区の冬季の暖房に焚く生石炭のために、ものすごい煤塵が排出され、冬季は北京以上の空気汚染が起こっている。旧市街地は火力発電所で出る熱い湯を防寒されたパイプで地下共同坑通じて集合住宅などに送りスチーム暖房しているので清潔である。しかし七〇万人に及ぶゲル地区の住民はゲル（テント）もしくは一軒家に住んでいて、それぞれの家庭で石炭ストーブを焚くために膨大な煤塵が排出されるのである。

晴天であっても星どころか月さえも見えない。朝方など一斉に暖房と調理用に石炭を焚くので、数m先の視界さえ閉ざされる事態となっている。市当局などは石炭ではなくコークスを燃やすように指導しているが、コークスは石炭より高いので住民は無視しているが深刻さは市民皆がよく分かっている。しかし「暑さ過ぎれば」の逆で冬が過ぎ、石炭を焚く必要がなくなれば、晴天に満天の星が見える。日本人観光客は真夏しか行かないので、ウランバートルの冬が北京以上に汚染された街であることに気づいていない。これは日本がコミットしてでも解決すべき課題なのである。

植林事業と野菜作り

スラム街のトイレ問題と合わせて、乾燥化によって牧畜経営で暮らせなくなった遊牧民問題の原因である草原乾燥化克服のための植林問題について触れる。何回かモンゴルに行っている内に、中国の内モンゴル出身で旅行社をしながら、自ら日本語通訳をしている趙金龍さんと知り合いになった。あちこち訪ねるにあたって協力してもらうと同時に、多くの場合、通訳も務めてもらった。その内の一つとしてモンゴル最大の植林組織であるエバー・グリーンを訪ねた。中心となっていた人物はポーランドの大学に留学したことがある農業技術者のアルタン・サアッラルト夫婦である。最初は乾燥化の進展で砂だらけとなっていたウランバートルに街路樹を植えたり、花壇を整備していた。大学や高校での環境教育にも携わり、学生・生徒を植林ボランティアとして組織して進めた。今では植林NGOとは別に植林会社を立ち上げ六名の専門職員を抱え、市からの委託事業として市街地の植林を進め、スラム街の人々を三〇〜六〇名雇用し、彼らの生活向上と結びつけ始めている。そのためにウランバートル郊外に一・五haの苗場を確保し、そこで育てた苗を植林している。私はここに出入りするようになってから、この一〇年余り毎回寄付を組織して届けてきた。現在、アルタン氏は植林事業と合わせてハウス栽培の野菜農業を広げようとしている。

遊牧社会でかつ冬は極寒の地となるモンゴルでは、野菜作りの伝統はなかった。遊牧民は羊を伴って遊牧している。食べ物は自給の羊の内臓、肉、乳である。内臓と血液を食べることによって野菜摂取の必要がなかった。肉食動物と同じである。それに乳を使ったチーズやバター、バターにお茶を入れることによってビタミン類を確保していた。ところが遊牧をやめて都会生活を始めると内臓や血液を食べることがないので野菜が必要となった。野菜を作っていなかったモンゴルでは必要野菜の八〇%以上を中国から輸入している。とりわけ極寒となる冬季ではほぼ一〇〇%、中国からの輸入に頼っている。しかし中国の野菜栽培には大量の農薬が使われ、しかも長い輸送期間中に腐らないよう防腐剤も使われるので、ウランバートル郊外での野菜作りが望まれていた。アルタン氏は苗場の近くにビニールハウスを作り、野菜作りをはじめ、他の人々にも教え始めた。現在では二〇〇軒余りのハウスの野菜栽培農家が生まれ、何とか必要野菜の二〇%近くの生産が行えるようになった。問題は冬季である。ハウスに暖房を入れて生産できるように工夫した。しかし、マイナス四〇度にもなるモンゴルでは暖房費が高くつき、中国産と比べて価格競争が成り立たず、現在のところ真冬でも野菜作りを行っているのは数軒しかない。

アルタン氏はいろいろ考え工夫を凝らした。結論は遊牧民のゲルの伝統を生かすことであった。マイナス四〇度にまで下がるモンゴル高原の真冬でも遊牧民はゲルで生活している。暖房源は羊の乾燥糞でお金はかからない。防寒はゲルの天幕に使うフェルト生地である。煉瓦造りの壁、屋根に鉄骨の梁、そこにビニールでの覆いを貼ると同時に、冬の寒い夜はその上を厚いフェルト生地で覆う。羊の糞を燃やす特製ボイラー（二〇〇度まで上がる）一個で幅一五m、奥行き三〇mぐらいのハウスが完全に暖房できた。現在、アルタン氏はウランバートルだけではなく、地方にも出かけ農業と、この特製ハウスづくりの指導に回っている。

そこで私が段取りを立て、モンゴル政府の農業部門の審議員をしている人とアルタン氏と私の三名で長野県の八ヶ岳の東側の農場地帯を訪問した。この地域は標高一五〇〇mでモンゴルの気温と似ていて夏の間はレタスを、ハウスでは通年イチゴ等を栽培している。大規模農家が多く、ベトナムなどから「研修生」を招いて生産している。私たちは低賃金労働力としての研修生ではなく、モンゴルで野菜栽培を確立するために本当の研修生として、この地域が受け入れてくれないかとの思いで、見学と合わせて協議のために訪ねた。研修生受け入れ組織の代表とモンゴルの情況認識では一致し、受け入れ協議に入ったとき、思わぬことが明らかになった。その地域での受け入れ組織が「脱税」で摘発され、向う三年間研修生の受け入れが停止され、今現在、受け入れている研修生も別の受け入れ組織の扱いに切り替えている最中で、モンゴルから新しい研修生を受け入れることはできないと、話はフイになってしまった。しかしあきらめたわけではなく、再度具体化を図りたいと考えている。

さて先の乾燥化防止のための植林であるが、日本人で「モンゴルへ植林に行って来た」と言われる人がいる。その場合の多くはモンゴル国のことではなく、中国の内モンゴル自治区の場合がほとんどである。植林は夏休みなどの短期間でも行える。問題は後の世話である。乾燥地であるから、定期的に水を補給してやらなければ枯れてしまう。これが最大の問題なのである。アルタンさんの植林組織でもウランバートル市の郊外までは市内の学生や生徒、市民のボランティアでできる。しかし少なくとも日本の四倍の面積があるモンゴルの地方で植林・植草を行うことは容易ではない。地元の人に頼らざるを得ない。しかも地球温暖化や乾燥化防止の意義を説いて協力してもらえる作業でもない。そこで私は植林することや植草することが、地元の人にとって利益になる工夫をしなければ継続できないと考えた。私の結論はジュースの原料となる実のなる木を植え、簡単なジュース工場を作り、ウランバートル等の都市で販売する。また、甘草などの漢方薬となる薬草を植え、収穫し乾燥させて製薬会社に販売する。モンゴルでは社会主義時代、ソ連の指導で遊牧民の定住が図られ四五の地方町がつくられた。そこに学校や診療所、生活必需品の店、宿屋、獣医の配置などが行われた。ただ国家による上からの強制的な面もあったので社会主義の崩壊を期に、多くの住民はそこから離れ元の遊牧生活に戻ったりして人口は大幅に減ったが、今も住民はいる。そこに住んでいる女性たちの仕事としてこの事業を進める。こうしたことで乾燥化防止を図るとともに、地方で暮らしていける生活基盤を確立する。そんなことをアルタイン氏と相談している。資金が必要なので協力者を探しているところだ。

「漢方薬」を巡る問題

こうした取り組みを行う中で漢方薬を巡って色々なことが分かってきた。アルタイン氏や彼のお姉さんがポーランドの大学で農学を勉強してきたこともあって、モンゴルの伝統医学で使う薬草調査に来ていた。聞くと伝統医学に使う薬草をモンゴルで契約栽培するための事前調査であった。「なぜポーランドにおいて伝統医学の薬草が必要なのか」と質問した。するとモンゴルがポーランドを含む東欧を支配していた時期がある。そのとき、モンゴル医学が伝搬された。当時では東欧の医学よりモンゴル医学の方が水準が高く、当地に根付き現在まで続いているというのである。その上、現代農業では農薬を使っているので薬草の質が悪くなっており、農薬の影響を受けていない質の良い薬草を手に入れたい。同じ緯度にありながら農薬で汚染されていない土地が広大なモンゴルで委託栽培をしたいということであった。私が乾燥化防止が地方に暮らしている人の生活資金獲得のためになるには漢方薬の薬草栽培が良いと思ったのには別の理由もあった。日本の漢方薬の原料は九割以上を中国から輸入している。その中国が改革開放で急速に豊かになっている。いままで医療と無関係であった農民たちが医療機関を訪ねるようになってきている。その場合、医療費の高い西洋医学の医療機関ではなく漢方治療をする医療機関を訪ねている。中国では今でも西洋医学を教える六年生の医学部と、漢方医を養成する四年制の伝統医学部がある。多くの農民たちが漢方の医療機関を訪ねるために、漢方薬の需要が高まり、漢方薬の輸出規制が強まり、日本で漢方薬原料の品不足と値上がりが起こっている。中国では需要に合わせるために農薬を使っていた畑で薬草栽培が行われているために、必ずしも中国産の原料は質が良いとは言えなくなっている。そうしたことから私は、モンゴルで薬草栽培を行い、地方に住む人々の現金収入にすることと、日本での漢方医薬品の原料不足を補えるのではないかと考えたのである。上手にやればビジネスにもなると考えられる。なお、伝統漢方薬品製造メーカーが沢山ある富山県では、県と富山大学と薬品メーカーが共同組織を作り、休耕田を借り上げ薬草栽培の実験を行っている。

遊牧民のゲル（テント）を訪ねて

こうして私はモンゴルを一〇数回訪ねる中で色々な人と知り合いになり、遊牧民のゲルにも何回か招かれ、泊まらせてもらうことにもなった。知り合いに「お土産に何をもっていったらよいか」と質問したところ「保存の効く、お米やジャガイモが良いのではないか」と言われ、途中のスーパーで購入して持って行った。道のない草原をたどって幕営地を探すのは簡単なことではな

ゲルでご馳走になった羊の内臓の煮込み鍋。
壁には骨付肉がぶらさげてある

い。一度目は、あっちこっちとうろうろと時間がかかってたどり着いた。二度目のときは比較的スムーズにたどりついたが、到着直前に車の様子がおかしくなった。停車して調べると後輪は左右ともに二輪であるが左後輪の一つがパンクしていた。悪路を長期間走ったのでパンクしたのであった。一輪だけで戻ろうとすると、負荷がかかり、それもパンクしてしまう危険があった。それで一人だけで七〇㎞ほど戻ってタイヤを直してきてもらうことにした。モンゴルのような広大で不便な国で遠出するときは予備を兼ねて車は二台以上で行くのが鉄則である。

　訪ねると歓迎の宴を持ってくれた。羊を殺して内臓料理のオンパレードである。フランス料理のフルコースと同じ考えに基づくものであるが、しつこいので日本人にはなじみにくい。内臓の煮込みを噛むと血がしたたる。私は何回となく食べたが、同行した日本人には食べられない人もいた。羊一頭は家族で食べられる量ではなく、お祝いで多くの人が集まるときや大切なお客が来たときに殺して食べる。その場合も内臓から食べるので肉の部分が余れば、日本の牛肉屋のように骨付きの肉としてゲルの壁際に天井からブラ下げ、燻製肉、乾燥肉にし、必要の都度、切り取って食べていく。内臓の煮込みの最後は日本の雑炊と同じで、そこにコメやジャガイモを入れて炊き込んで食べる。

私が泊まった遊牧民は夫婦と息子二人がいて遊牧生活をしていた。娘も二人いるが、ウランバートルに住んでいて、上の娘は働き、下の娘は高校に通っているそうである。

ところで遊牧民が馬に乗れなくなったら終わりである。馬に乗れない幼子は母親が背負ったりして移動する。しかし馬に乗れなくなった老人はそうはいかない。病に襲われ、家族に見守られて死ぬこともある。しかし季節的に移動しなければならなくなったときには、使い慣れたゲルに、水や食料を置いてもらい、一人でそこで亡くなるという道を選択してきた。それは子供世代の仕事ではなく孫の世代の仕事だそうである。先に記したトイレのことであるが遊牧民は野糞で過ごしている。私たちが泊まった奥さんの様子を見て分かったことであるが、奥さんが袋をもって出かけるときは燃料となる羊の糞を拾うときであり、手ぶらで出かけるときは用足しであり、そのときはそちらの方向は見ないことになっている。

なお牧畜を家族単位の遊牧という形で一〇〇万人単位で行っているのは、世界でモンゴル人だけである。ブラジルやアルゼンチンなどでも、何百㎞単位で草原を移動しながら牧畜しているが、移動するのは男性だけで家族は町や村に定住して暮らしている。

日本とモンゴルの重要な二つの問題

ウランバートル市郊外の南側、飛行場から市内に入ったところにダルサイの丘という標高一〇〇m余りの丘がある。日本人観光客が訪れることはほとんどない。階段を登って頂上に着くとウランバートル市内の全貌が見える。その頂上に三mぐらいの高さの位置で頂上部分を取り巻くように壁がありモザイク画が描かれている。そこには「ソビエト連邦とモンゴル社会主義共和国は団結・協力して日本ファシスト軍と闘い撃ち破った」との趣旨の文章が書かれている。日本とモンゴルの近現代史に通じていない人には意味がわからない。

ダルサイの丘

日本は一九三一年に中国の東北地方に侵略し（満州事変）、一九三二年に日本の傀儡政権「満州国」を打ち立てた。その「満州国」とモンゴル社会主義共和国は国境を接していた。また「満蒙は日本の生命線」という言葉にあるように、この「満州事変」のときとその後、日本はモンゴル社会主義共和国の南側の内モンゴル自治区にも侵攻し関東軍の支配下に置いた。したがってモンゴル社会主義共和国は、東と南の両方において日本軍と接することになった。そして一九三二年以来、日本軍とモンゴル軍は国境付近で小競り合いを繰り返していたが、一九三九年に大規模な地上戦を行った。日本軍は約七万五〇〇〇名が動員され、死者八四四〇名、負傷者八七六〇名という多数の死傷者を出して日本軍の敗北に終わった。ソ連・モンゴルの合同軍も同程度の死傷者が出たとされるが、諸説あり詳細はよく分からない。いずれにしても大平原で闘われた戦争としてはナチスドイツ軍とソ連軍の闘いに次ぐ大規模な戦闘であった。日本軍は国民に敗北を隠すために、戦争と呼ばずノモンハン事件と称した。モンゴル側にとっては「国家存亡をかけた戦い」であった。それで首都の入り口にこのような記念碑を建てたのである。

もう一つ、ウランバートル郊外の北側に大きな慰霊塔が立っている。こちらも一般の日本人観光客はほとんど訪ねることはないが、関係者は訪ねてきている。

日本では第二次世界対戦後、中国東北にいた軍人六〇万人あまりが、シベリアに抑留され強制労働に付されたという認識であるが、捕虜はシベリアだけではなく、モンゴルやウクライナなどにも送られた。モンゴルには約一万四〇〇〇名が送られ、首都のウランバートルの建設や鉱山採掘、森林伐採等に従事させられた。ウランバートルの中心に大きな広場があり、その周りに国会議事堂や政府官庁がある。これらの都市建設はソビエト軍の指揮下、日本軍の捕虜が建設した。モンゴル抑留者一万四〇〇〇名の内、一二〇〇名が亡くなった。亡くなった人の九割近くが一九四五年から一九四六年にかけての最初の冬に亡くなった。八月一五日に敗戦となり、一〇月に集められ、シベリア鉄道で各地へ運ばれた。到着したころには冬となっていた。捕虜の日本兵

シベリア抑留者の殉難碑にて

は十分な冬の衣類を持っていなかった。それどころかモンゴルを含めて受け入れた側にとっても急なことで、一万名を越える捕虜のための収容所、防寒着、冬用の寝具、食料、暖房器具、燃料を用意できていなかった。そのためマイナス四〇度にもなる極寒と飢えに襲われ多くの人が亡くなった。日本とモンゴルの赤十字社が全国的規模での調査を行うとともに、首都ウランバートルの郊外に慰霊碑を建てることになった。最初は小さな木製であったが、次第に大きくなっていった。そして日本の厚生省が資金を出し、モンゴルから土地を購入し墓地・霊園として整備し始めた。私が知る限り「シベリア抑留犠牲者」のための、これほどの規模できちんとした墓地・霊園が作られている場所を知らない。私はモンゴルに行くたびに先のダルサイの丘と、この霊園に日本人同行者を案内し弔っている。しかし大概は夏であった。しかし抑留者が亡くなったのは真冬である。その悲劇の一端を身をもって知るために、私は二〇〇八年の二月にここを訪ねた。この時期、モンゴル人でも街の中を歩く人はほとんどいない。自宅から車に乗るときに極寒に耐えられるオーバーを着、車から勤め先の建物までの短い距離を再びオーバーを着、建物の入り口は二重ドアで中は暖房が効いていてワイシャツ一枚で仕事をしているから、勤務時間中に外へ出ることなどほとんどない。前日はマイナス四〇度まで下がっていたが当日はマイナス三〇度で「暖かい日」であったが、それでも「本当に行くのですか」と言われたが行くことにした。「寒い」というより「痛い」という感じであった。家を提供されている管理人が常駐していて私とは顔なじみで、訪ねたときはいつもチップを渡していることもあり、私たちが到着したときも家から出てきて鍵を開け入れてくれた。

文明論的な問題

モンゴル人の最大の英雄はチンギスハンであり、モンゴル人の中心宗教はチベット仏教（別名・ラマ教）である。しかしこの二つはソビエト下の社会主義時代には徹底的に弾圧され排除されていた。スターリン時代、チベット仏教の僧侶の大半が弾圧され殺された。本山のガンダン寺の大仏立像は解体され、銅資源としてソ連に運び出された。チンギスハンという言葉は禁句で、学校でチンギスハンという言葉を使ったことが分かれば体罰の対象であった。

ところが一九八九年に社会主義政権が崩壊し信教の自由が認められるようになると、瞬く間にチベット仏教は復活し、信者の浄財で大仏は再建された。チンギスハンは英雄として復活し、ウランバートル飛行場はチンギスハン飛行場と改名され、国会議事堂の正面には巨大なチンギスハンの座像が設置された。毎日定時に国会議事堂前でチンギスハン時代の衣装で儀仗式典を行うようになった。七〇年やそこらでは押し付けられた社会主義下の宗教弾圧によるチベット仏教否定や民族の英雄チンギスハンの名前を消すことなどできなかったのだ。

　チンギスハン飛行場に降り立つと飛行場のすぐ近くに巨大な体育館が見える。中国政府によるODAで作られたもので、これ見よがしの構造物として建てられている。ところがこの体育館では、復活したチベット仏教徒による大集会が開催されダライラマが招かれた。当然中国政府は抗議した。しかしモンゴル側は「体育館の建設は貴方方の支援を受けた。しかし、それをどのように、なにに使うかまで指図を受ける筋合いはない」と拒否して、ダライラマを招いた信者集会を禁止するなどの措置は取らなかった。しかも二回も開催している。ここにもモンゴル人の「ロシア人も中国人も何するものぞ」という強い気概、誇りを感じる。なお、ウランバートルの中心地にある官庁街の真ん中にある広場に「モンゴル独立の父」としてスフバートルの騎馬像が立っている。しかしモンゴルにおいて歴史の見直しが進めば、「中国からの独立の英雄」という面だけではなく、ソビエト・ロシアの手先として行動し、モンゴルをソビエト・ロシアの傀儡国家にした人物という評価の面も強くなるのでないかと私は推察している。

四　ベトナムにおける枯葉剤被害障害者支援とかかわって

二〇一七年三月、ダイオキシン入りの枯葉剤の影響と考えられる結合双子として生まれたベト・ドク兄弟の初代主治医フォン博士と二代目主治医のタン博士が来日され、今なお続くダイオキシン入りの枯葉剤被害障害問題についてのシンポジウムに参加された。

私は二〇〇〇年以来、ベトナムの障害児教育担当教員養成プログラムに取り組んできたが二〇一三年にプロジェクトは終了していた。しかし旧知のファン博士とタン博士が来日され、「ベトちゃんドクちゃんの発達を願う会」代表の藤本文朗先生のお宅でお会いした。そのとき、藤本先生、尾崎望医師（当時・京都民医連会長）、私の三名は、両博士から枯葉剤被害者の診療・リハビリ・職業訓練・療育を行う総合施設（通称・オレンジ村）建設への協力を訴えられ、改めてベトナム枯葉剤問題で動かざるを得ないと判断した。尾崎望医師は、一六年間にわたって毎年ベトナムのタイニン省に出向いて被害者の診療と調査を続けてこられた。

一九七五年にベトナム戦争が終結して以来、すでに四〇年余が過ぎている。しかし今なお三〇〇万人におよぶ枯葉剤被害障害者が苦しんでいる。

二〇一七年八月、私はベトナム枯葉剤協会全国総会に招待され、日本人として唯一人参加したのを機会に、ホーチミン市の枯葉剤協会やオレンジ村建設予定地、日本人が作った障害者共同作業所等を調査して回った。

その結果、分かったことは、三〇〇万人の障害者の内、①職業訓練を受けた者は数%にすぎず、②就労できていない人が一〇〇万人にも及び、本人はもとより家族も貧困に喘いでいる。③日本のような障害者のための共同作業所はない。④日本の障害者共同作業所を参考にしながらベトナムの実情にあった就労支援作業所作りを支援することが課題である。⑤その際、日本の共同作業所は国と自治体から補助金が出ていることで持続できているが、貧しく、しかも障害者の数が多いベトナムでただちに補助金制度を確立することは難しい。国や自治体の補助抜きで運営できる新しいモデルを開拓する必要がある。

帰国後、私は大学時代の後輩の青木一博氏が京都北部で「よさのうみ福祉会」を立ち上げ障害者の共同作業所を運営していることを思い出して連絡を取り訪ねた。青木氏は長い取り組みの経験から、①できるかぎり土地・建物にお金をかけず行政が使っていない建物などを借り受けること。②障害者のみで同じ作業を行う非効率な作業所ではなく、専門知識を持った「健常者」をリーダーとして、障害者がその障害の度合いに応じて分担して仕事をし、最低賃金に近い報酬を出せるようにする。障害者が一ランク上の作業に挑戦し、より多くの報酬を得られるようにする。そのためによさのうみ福祉会は一つの作業所で満足するのではなく、様々な種類の作業所を二二カ所も開設し、障害者の能力と意欲に応じた仕事が提供できるように工夫してきた。

青木一博氏は、たまたま私の大学の後輩というだけである。四〇年に及ぶ歳月の中で彼は、共同作業所作りに情熱を燃やして工夫し、一法人としては、おそらく日本で最も多様な障害者作業所を開設・運営してきたのではなかろうか。参考になり、良い勉強になった。

その後私は、顧問：藤本文朗、代表：尾崎望、委員：荒木穂積・黒田学・林堅太郎（三名は立命館大学教授）、向井啓一（種智院大学教授）、青木一博、北川寿一（国際環境整備機構副理事長）らによって、オレンジ村支援日本委員会を立ち上げ、よびかけ賛同人とし安斎育郎立命館大学国際平和ミュージアム名誉館長、宮城泰年聖護院管主、西村直（共作連理事長）などに就任していただき、一〇〇〇万円を目標に寄付活動を開始した。

建設されようとしているオレンジ村は、医療、リハビリ、療育、職業訓練の四つの課題を推進しようとしているが、医療、リハビリ、療育はツゥーヅゥー病院で長く行われており、私たちがすぐに支援できるものでもないし、資金の桁も違う。私たちはベトナムにおいて、今までほとんど行われてこなかった障害者の就労支援のため、共同作業所作りを支援することに的を絞ることにした。三カ年計画で、就労支援作業所開設に向けてのプログラムの開発、人材養成などを行うためには一〇〇〇万円ぐらいが必要であること。それをＪＩＣＡの「草の根、技術協力」に申請して応援してもらおうと考えた。しかし申請したからといって採択される可能性が一〇〇％あるわけではない。事の重大性から自分たちで一〇〇〇万円集め、ＪＩＣＡの採択の可否にかかわらず、この事業を推進する。採択された場合も事後清算方式となっており、事前に一〇〇〇万円程度のお金を用意しておかなければならない。こうした理由で目標一〇〇〇万円の募金を開始した。

二〇一八年三月五日から九日にかけて再度、ベトナムを訪問した。枯葉剤協会本部でリー会長と面談して私たちの考えを伝えた後、副会長と国際部長の案内でハノイ郊外にできた総合施設を見学した。建物はできているし備品もそろっていたが、十分に活用されているとは思えなかった。つまり障害者を対象とした仕事ができる人材の養成が追い付いていないと推察され、私たちがオレンジ村に対して支援しようとしていたことの正しさを実感した。

ホーチミン市ではオレンジ村建設予定地の隣にできた孤児障害児職業訓練所を訪ねた。アクセサリー作り、縫製など七種類の職業訓練が行われていた。訓練施設と合わせて食堂や宿泊施設など一〇棟ばかりの建物があった。寄付が集まったのに応じて一棟ずつ建設し、その実績によってさらに寄付を集め広げて来たそうである。合わせて入学者に対しては授業料も食事代も無料とし、その運営費も寄付で集めて来たそうである。フランスやアメリカの影響を強く受けてきたベトナムでは寄付文化が根付いていて、ドイモイで豊かになった人々の中から、ベトナムの大きな社会問題である枯葉剤被害障害者の自立を目指す取り組みに、継続的な寄付が集まっているようである。事実上、国家や自治体からの補助金に依拠して運営されてきた日本の障害者組織も大いに学ぶ必要があると痛感した。ただここで訓練を受けても社会的偏見などもあり、必ずしも就職できるわけではない。就職できても周りと適応できず離職したりするなど難しい問題も生じているそうである。したがって、まずは健常者の専門家がリーダーとなり臨床心理士などが常駐する共同作業所が必要であることも明らかになってきている。

ホーチミン枯葉剤協会においてトゥー会長、タン副会長らとの協議において、私たちはオレンジ村に対して、上記してきたような新しいタイプの共同作業所作りのためのプログラム作りや人材育成事業に的を絞って支援させてもらうことを伝えた。合わせて私たちが集めた募金で日本に招待し、青木氏が運営する作業所などを見学してベトナムでの活動の参考にしてもらうことにした。また、大使館の紹介でホーチミンの総領事館を訪ねた。そこでオレンジ村建設にあたって総領事館の無償支援事業（一〇〇〇万円を限度としている）での支援をお願いし手続きに入ることにした。

帰国後、オレンジ村支援日本委員会の資金で、ベトナムからの代表団として以下の三人を五月二六日から六月二日にかけて受け入れることにした。

・THOベトナム枯葉剤被害者協会副会長でホーチンミン市枯葉剤被害者協会会長。アメリカ軍・中国軍と闘った元人民解放軍少将。
・フォン医学博士。ベトナム枯葉剤被害者協会副会長、ホーチミン市枯葉剤被害者協会副会長、元ベトナム社会主義共和国国会副議長、ツゥーヅゥー病院の元院長、ベト・ドク兄弟初代主治医。
・タン医学博士。ホーチミン市枯葉剤被害者協会副会長、元ツゥーヅゥー病院内平和村（枯葉剤被害者療育施設）の村長、ベト・ドク兄弟の二代目主治医。

来日にあたって目的にふさわしく効果的に見学・体験してもらえるように、よさのうみ福祉会の共同作業所、兵庫県立リハビリテーション中央病院、ダイオキシン問題での意見交換のために立命館大学の自然科学系の先生方との懇談、オムロンの福祉工場、立命館大学平和ミュージアムなどを見学する約束を取り付ける作業をした。また枯葉剤問題の実情を日本の人々に知ってもらうために、日本ベトナム友好協会を中心に五月二九日に大阪、三一日に京都、六月一日に神戸でシンポジウムを開催する準備を進めてもらった。これらの取り組みはすべて、私たちの募金によって行われるので募金についても協力をお願いした。こうした一連の取り組みについて毎日新聞が五月一九日に事前報道をしてくれた。そして事後報道として京都での取り組みを中心に京都新聞が六月一三日ほぼ一面を使って報道してくれた。

これらのシンポジウムに参加された方々は異口同音に、「私の枯葉剤問題の認識は、ベトちゃん・ドクちゃん段階で止まっていた。いまなお三〇〇万人に及ぶ人々が枯葉剤被害で苦しんでいるとの報告を受けてショックでした」「私は理学療法士ですが、施設ができればボランティアで現地に行き治療に参加したい」などの発言が相次ぎ、三カ所の会場で三〇万円を越える寄付が寄せられた。一方、よさのうみ福祉会の共同作業所などを見学されたフォン博士などからの感想と決意として以下の意見が述べられた。

「ベトナムでは障害者は保護すべき対象としてみるか、忌避すべき人々としてみられるかのどちらかで、障害者の残している能力を生かし、社会参加や就業を実現し自立への一歩を切り開くなどは、ほとんどやられてこなかった」「しかし日本に来て、そのことを見て深く教えられた。ベトナムにおいてもそのような取り組みを至急、行いたい」と。

新しい取り組みが開始

そして帰国後まもなく、フォン博士から以下の内容の連絡があった。ホーチミン総領事館にたいして小さな規模であるが療育施設建設支援を申し入れた。同時に療育施設の運営費を確保するためにオレンジ村建設予定地に二haの農場を建設する。そのためのスポンサー（寄付者）を二人見つけた。合わせて、その農場を運営する管理者ならびに障害者とともに農作業をする農業技術者も二人確保した。そこでスポンサーと農場管理予定者達一一名に、自分たちが日本で見た施設を見学してもらい参考にしてもらいたい。そのための費用は全額を自分達で用意して八月二〇日・二一日、二二日に日本へ行くので手配してほしいとのことであった。そこで私は一連の場所への見学を手配した。

そして二一日の晩には、山岳仏教の本山である聖護院門跡を訪ね、管主の宮城泰年さんを囲んで夕食懇談会を開催した。宮城泰年さんはベトナム戦争の北爆中の一九七三年に北ベトナムを訪ねられ、爆撃で破壊されテントで診療を行っていたバクマイ病院を訪ねるなどしながら、日本で集められた七〇〇万円におよぶ義援金を届けるなどして当地の仏教徒たちと交流された。以来、

外務大臣表彰の日

ベトナムの僧侶に鍼灸技術を伝えるプロジェクトなど、ベトナム支援に取り組んでこられた高名な僧侶である。

引き続き、多くの方々からのご支援のカンパをお願いしたい。

> 京都銀行　洛西支店　口座番号４０２５５８９
> 名義人　スズキ　ハジメ

外務大臣表彰を授与

そうこうしている内に外務省から連絡があり、七月二四日、外務省板倉別館において二〇一八年度の外務大臣表彰が授与されることになった。外国との間で長きにわたって交流に努めてきた個人と団体にたいして外務大臣名で表彰されるもので、日本国内で活動している個人三五名、七団体が表彰されることになった。私・鈴木元と、立命館大学の荒木穂積教授の二人は主として、①長きにわたってベトナムの障害児教育の確立に努めてきたこと、②枯葉剤被害者のためのオレンジ村支援の取り組みを行ってきたことを理由として表彰された。立命館大学の関係者がこの表彰を受けるのは初めてのことであった。

続いて、私たちの取り組みを知った外務省のハノイ大使館の紹介で、外務省の外郭団体である日本国際協力センター（JICE）が五名以内一〇日以内でベトナムの団体を招待してくれることになった。私たちが障害者とかかわる施設の見学プログラムを作り、二〇一九年二月一二日から一九日にかけて八名（+三名が自費で）が来日されることになった。

二〇一八年度ベトナム枯葉剤協会総会に招待され表彰を受ける

先にフォン博士が来日され聖護院で歓迎夕食懇談会を開催したとき、博士の方から「今年度の一二月三日に開催される枯葉剤協会全国総会に昨年に続いて鈴木さんを招くとともに、宮城泰年さん、そして藤本文朗さんの三名を招待し、表彰したい」と申し入れられた。日本とベトナムの友好発展にとって良いことなので、受けることにした。ただ藤本文朗さんは心身ともに弱っておられるので渡航せず、私が代わって賞状などをもらって帰ることになった。

第二部

異文化理解の旅

一　異境の地　チベット訪問

はじめに

二〇一四年七月一五日から二二日にかけて、チベットに出かけた。

中国は過去三〇回以上訪ねている。東西南北、普通の中国人より中国全土を訪ねてきた。しかしチベットは訪ねる仕事上の要件がなかった。個人的には文明論の探究としていつか訪ねてみたかったが、暴動などもあり外国人の立ち入りが規制されたりして、訪ねる機会がなかった。ところが友人の黒川美富子さんがチベットを旅する計画を立て、彼女と私が知り合いの中国旅行社から入境許可がおりる連絡があったので、過去に彼女と一緒に中国旅行をした人々に参加を呼びかけ合流することにした。黒川さんもチベットは初めてである。私にとっては、ネパールトレッキング以来三年ぶりの仕事を離れた海外旅行である。

空港でのハプニング

七月一五日（火）関空午後二時一〇分発の国際線で上海に飛び立ち、そこで国内線に乗り換えて青海省の西寧《シーニン》に行き一泊。明くる日、市内観光の上、青蔵鉄道を夜行列車でほぼ丸一日かけてラサに行くことにしていた。ところが関空で搭乗手続きを済ませ、手荷物検査を終えて、出国審査に行ったところでストップがかかった。

「パスポートを紛失したことがありますか」

「ええ、二年ほど前に紛失し新しいものを作成しました」

審査官は「このパスポートは使えません」と言った上で、どこかに電話している。担当官と思しき男性が現れ、別の場所に同行した。

四年前、パスポートの有効期間が過ぎ新しく作った。二年前、海外渡航が連続していた。一つの出張が終わり、次の日程が入った。そのとき、パスポートが所在不明になっていることに気がついた。家の中にあることは間違いないが、探しても見つからなかった。再発行に必要な日数を考えるとタイムリミットだったので、新しく作成してもらって出かけた。帰国後荷物を整理していると古い方が見つかったが、海外渡航記録として保存しようと廃棄処分しなかった。

四年前のものは柔らかく一目見ただけで違うものと分かり、それは別にしていた。しかし紛失して見つかったものと、新しい物はいずれも真ん中にＩＣチップが入った硬いもので、見たり触ったりしただけでは区別がつかない。「二〇一〇年発行、二〇二〇年まで有効」と記載してあったので、てっきりそれだと思い持ってきたのだ。新しく作ったものは、「二〇一二年発行、二〇二二年まで有効」のものだった。

結局、出国は許されず、航空会社に説明して預けた荷物を返却してもらい、帰宅することになった。帰りの「はるか」の中から旅行会社と連絡を取り、先に出発したメンバーが青蔵鉄道に乗るのに間に合う航空機の便を探してもらい、青海省の旅行会社に電話し、西寧飛行場から青蔵鉄道の始発駅となっている西寧西駅まで運んでくれる車の手配を依頼した。

今は昔と違って予約が取れるとインターネットで予約表を送ってもらえ、それをプリントアウトして飛行場で提示すると航空券を発行してくれる。

七月一六日午前五時半に起き、六時出発で五〇〇〇円以上を半額割引してくれるタクシーで関空に出かけた。八時一〇分からの乗航手続き開始に間に合い、無事出国ゲートを通過した。

上海経由で西寧へ

関空から約二時間で上海の浦東空港に現地時間の一〇時五〇分に到着。入国審査を経て、一旦外に出て国内線乗り場に移動する。ここで西寧への乗り継ぎまでの待ち時間がおよそ五時間。とりあえずターミナルビル内を回ってみることにした。上海の飛行場の国内線ターミナルで時間を過ごすのは久しぶりである。ちょうど、昼食時ということもあって待合所の椅子で多くの人が弁当を食べていた。これは日本から持ち込まれた新しい生活形態である。日本のコンビニ弁当とそっくりの形状のものを食べている。

ひと回りしてターミナルの一番端にある西寧行き乗り場の近くの椅子に座ると、横に売店があった。ファミリーマートのコンビニであった。子供がおにぎりを食べていた。上海はコンビニ戦争の激戦地で、いたるところにあるが、圧倒的に日系の大手チェーン店が押さえている。中国系のコンビニもあるが元の国営紡績工場の女工さんたちを使ったコンビニが大半なので、接客などの訓練や品揃え・商品管理に格差があり日系に圧倒されつつある。その日系コンビニが持ち込んだ食文化が、おにぎり、おでん、そして今や決定的となりつつあるのがコンビニ弁当である。上海の街中を毎年のように歩いている私は、そうした事情も知っていたが、浦東飛行場のターミナルビルで待っている人の大半が中華の飲食店に入らず待合所の椅子の上で家族や親子でコンビニ弁当を食べている姿に関心を寄せられた。確かに弁当の中身は豊富だし、値段も安い。

携帯電話の人はしゃべり続けているし、スマホの人は画面を見続けている。大半の人はいずれかを持っている。一昔前のように何人もの中国人が大声でしゃべりあっている光景はほとんど見受けられなくなっている。人間の適応力というか、世界的な商品・生活動向が、民族や国民を区別なく巻き込んでいっている。私は待ち時間はパソコンで原稿を書くのと、読書についやした。

出発時間の三時五五分が近づいたが搭乗手続きが行われる気配がなかった。しばらくすると場内放送が流れた。遅れるという案内のようだが中国語なのでよく分からなかった。隣に座っていた学生らしい女性に英語で「何をアナウンスされたのか」と聞いたが通じなかった。そこでカウンターに行って聞くと「二〇分ばかり遅れる」という。二〇分ばかり過ぎたが手続きは開始されず再びアナウンスが流れた。再度たずねに行くと「一時間ばかり遅れる」とのことであった。

一時間ほど経った頃、どういう情報が流れたのか分からないが、多くの人が我れ先にカウンターに駆け寄り並び始めた。しかし、搭乗手続きがなされるようでもなかったので私は並ばず、椅子に座って待っていた。少々遅れるのは構わないが、当初の予定では一九時三〇分に西寧到着、青蔵鉄道の発車が二二時五〇分。つまり最初から三時間二〇分しか余裕がなかった。もしも飛行機が遅れ、列車に間に合わなければ、どうするか。

青蔵高原を列車でラサへ

明くる日の切符が取れる見込みがあるのなら、西寧《シーニン》で一泊し、一日遅れでラサに入る。この列車は人気があり、とりわけ現在、大学の夏休みに入ったので簡単に手に入らない可能性もある。見込みがなければ、上海で一泊して日本へ帰らなければならない。

結局、一時間四〇分遅れで手続きが始まり、二時間遅れで離陸した。かねての打ち合わせどおり西寧の旅行会社に電話して飛行機の離陸が二時間ほど遅れることを伝え、飛行場から駅までの車の手配を頼んだ。間に合わない場合はホテルの手配と明くる日の列車の切符の手配を依頼した。

午後九時半に西寧飛行場に到着した。迎えに来てもらった車に乗車し、ラサ行きの列車が出る西寧西駅に直行した。西寧には一〇年ほど前に来たことがあるが、飛行場は新しく作られ、市内に行くのも新しい高速道路だった。市内に近づくと高層ビルが乱立していて全く様変わりしていた。西寧西駅には私の方が先に着いた。間もなく夕食を終えた私たちの一行が到着。駅に入るのにパスポートと切符を見せ構内に入る。構内のコンコースには多数の人々が座り込んで列車を待っている。私はまともに夕食を食べていないので売店で水とパンを購入した。乗車するのは一等の寝台車なので構内に区切られた別の待合室に入り、そこから別の出口を通ってプラットホームに出て乗車した。中国では乗る列車の席のランクによって待合室も違う。

一〇時五五分発の夜行列車は、ほぼ二四時間かけてラサに向かう。柔らかいベッドの二段式は一等、三段式の硬いベッドは二等である。それに椅子席も、柔らかい椅子、硬い椅子に分かれている。私たちが乗った一等寝台車は柔らかいベッドの二段式で四人一組のコンパートメントになっていた。朝食、昼食、夕食を食堂車で食べる。ただし一等寝台車に乗っている人全員が食堂車で食べるわけではない。列車内の売店で弁当やインスタント麺を購入して食べている人の方が多い。

標高二二七五mの高地にある西寧は、古来からシルクロードなどの交易の拠点となっていた町である。そこからラサ（拉薩、標高三六五〇m）まで一九五六kmほどを約二四時間かけて移動するのが青蔵鉄道で、二〇〇六年に完成した。通過する場所の大半は遊牧民以外は居住していないチベット高原で、中国の青海省とチベットの境にあるタングラ峠（標高五〇七二m）を通過する。世界で一番高いところを通る列車である。高山病になる危険があるので、各コンパートメントには酸素を排出する装置が付いていて、症状が強く出た場合は、病院での酸素吸入と同じく、そこに管を差し込み鼻から吸入するようになっており、医者も乗車している。乗車して直ぐに寝ることにし一二時ごろ就寝した。

車窓から

朝、食堂車で簡単な朝食をとる。その後はひたすら車外の景色を見続けた。乾燥地帯なので、背丈の短い植物がわずかにうっすらと生えている。ところどころ山に降った雨や雪解け水が伏流水となってにじみ出た小さな池や、川らしき場所があった。

中国政府の取り組みだと思うが、そうした場所に畑が作られている。当然ながら伏流水の池の水だけで農業を営むことはできない。深く大きな井戸が掘られ、そこから地下水を汲み出して農業を進めているのだろう。しかしこれはなかなか難しい。

私は甘粛省や内モンゴルで同様のことが行われている場所を何回も見てきた。地下水を汲み上げて、あるところまではうまくいく。しかし汲み上げ過ぎると塩水となり農業ができなくなる。そうして放棄された場所を何カ所も見てきた。また、うっすらと生える程度の草原で自然循環が保持されていたのに、数㎝しかない表土を掘り返し、地下水で灌漑を行って始めた農業を放棄した場合、土地はよりひどい乾燥化・砂漠化が進行する。青蔵鉄道周辺のチベット高原の至るところで、そのような人為的農場化が進められていたが、同じ運命をたどる危険がある。

実際、伏流水でできた川や池の干からびた跡の辺りには白い粉状のものが広がっている。塩である。ヒマラヤ山系やチベット高原は、インド大陸がユーラシア大陸にぶつかったときに海底が押し上げられてできたものであるから多量の岩塩を含んでいる。ネパールの土産物屋では山の中から掘り出したアンモナイトなどの貝殻の化石が売られている。

鉄道に沿ってラサ行きの道路が一本、そして高圧送電線と電話線が通っている。道路を走っているのは大半が物資を満載した大型トラックであるが、中には乗用車も走っていた。二〇〇〇㎞のほぼ直線の道路を運転するのは大変だと思う。時々テントや寝袋を積んでいると思われる自転車のグループが走っていた。私も昔、一人用テントと寝袋を持ってサイクリング旅行をしたことがあるが、こんな乾燥地の、人も住んでいないチベット高原をサイクリングする気など起こらない。大した青年たちだ。

高原を見ていて感じたことがある。それは農耕民族である漢族の「中国」と、遊牧民である「チベット人の居住地」の間に、この半乾燥の標高四〇〇〇m級の世界一広い高原があるということである。政治的軍事的に交わることはあっても、二つの間に日常的な交易があったとは思えない。

そうこうしているうちに戦車を積んだ特殊車が何台も列をなして走っているのが目撃された。「どこへ運ぶのだろう」と話していると、人民解放軍が演習している場所が現れた。戦車隊、大砲隊、迫撃砲隊、歩兵隊など相当な数だ。進んでいるうちに真新しい灰色の建物が見えてきた。このような場所に工場を作っても働く人もいない。観察していると、タンクが何台か並んでいる。燃料タンクなのだろう。会議室を含む司令部らしい建物、兵舎、将校宿舎と思われるものが次々と現れた。軍事基地なのだ。そこを通り越すと、演習をしている部隊が次々に現れた。しばらく列車が止まったのでよく見ていると大砲部隊の上に砲煙がなびいていた。大砲発射訓練の砲弾が線路を跨いで越えていたので、発射訓練が終わるまで列車を止めていたのだろう。

列車から、近くで演習している兵隊の仕草までが見えた。乗客の何人かが写真を撮っていたが、私達は「軍事機密撮影で逮捕されるか、カメラを取り上げられる危険があるよ」などと話していた。

日本に帰国して、たまっていた新聞を見ると、七月一七日から中国全土で大規模な軍事演習が行われていた、私たちが見たのはその一環だったのである。

遊牧民の生活と保護政策

チベット（ラサ）に近づくにしたがって、次第に半乾燥状態から緑の草に覆われた場所にやってきて、ヤクなどの家畜が一定の集団で現れた。明らかに放牧をしている状態だ。「よく見れば遊牧民の白いテントが現れるだろう。彼らは家族単位で遊牧するが、適地には二、三家族が来ているので一つが見つかれば、必ず別のテントも見つかるはずだね」と話していたが、しばらくすると三つばかりのパオ（遊牧民のテント）が現れた。彼らはどこの地域に、いつ頃、どのような草が生えるか、そして伏流水によってできる池の場所も知っている。それらの知識を基に一年単位で移動生活している。

大きな湖（ナムツォ）が現れた。列車の走っている時間から想像して相当大きな湖だ。観察していると対岸に赤い屋根の建物がいくつか並んで建っている。「なんだろう、こんな場所に保養地ということもないだろうに」と話していると、私たちのそばに地元の人と見受けられる夫婦がいた。聞くと政府の援助で建てられた遊牧民の住宅だそうだ。中国政府はこの地域を国家自然保護区としている。遊牧民の家畜が草を食べすぎて環境が悪化（乾燥化）しないよう、家を提供し公務員より少し高い生活費を保障し、その地に暮らさせているそうだ。いままで家畜を育ててきた生活もあるので、一家族三〇頭に限って育てることを認めているそうである。

これは難しい問題である。「環境保護」のために遊牧民を定住させ生活費を保障する。しかし遊牧民は、遊牧という生活形態を止めさせられ、政府にあてがわれた住居に住まわされる。もともと何千年も自然と共に、自然環境に適応して暮らしてきた彼らが自然を破壊することなどしない。問題は最近になって商品生活が入り込み、現金収入のために、より多くの家畜を飼うようになったことである。過放牧となり、自然循環を超える草を消費してしまう。だからと言って政府提供の建物に閉じ込めてしまうのは、遊牧民としての伝統的な生活を否定することになる。アメリカやオーストラリアにおいて先住民を保護区に居住させ生活費を提供しているのと同じである。そこの人々は生活のはりアイデンティティを失い、アルコールにおぼれたり、精神の病に冒されたりしてきた。中国でも同じことが起こっていないか心配である。

高山病の症状

このころから私たちの同行者に高山病の症状が現れ始め、同室の人を含め三名が医師の判断で酸素吸入を受け始めた。

草原の真ん中の何もなかったところに無人の駅が何カ所か作られていた。政府が今後の開発を考えて作ったものだ。大半のところは通り過ぎていくのだが一カ所、由比駅の周辺を中心に真新しい建物が建っている場所に停車した。そこではプラットホームに出ることができる。涼しい高原の風に当たりながら周囲の景色を見た後、列車に乗り込もうとした私は、突然悪寒に襲われ身体がガタガタと震え出し、それからしばらく調子が悪かった。吸引器はつけなかったが酸素が噴き出している穴の方へ顔を向けたりしていた。同室の人が医師の診察を受けるときに一緒に診てもらった。血圧は正常であったが、血中の酸素濃度は六八％と明らかに低かった（通常日本などで入院している場合は九〇％を切ると酸素吸引をする）。

風邪なのか、高山病なのか、両方なのか分からないが、とりあえず安全のために風邪薬を二回分もらい、一回分を飲んだ。高山病の症状には、頭が痛くなったり、眠くなったり、吐き気がしたり、風邪のような症状など様々であるが、私は三〇分ほどで治まった。なお高山病対応の薬はあるが、四、五日前から飲んでいないとだめで、症状が出てから飲んでも効果は少ない。普段は元気でも酸素吸収能力が低い体質の人や、疲れているなど体調によっても高山病が出やすい。

夜の一〇時半過ぎ、ラサ駅に到着した。駅から出るとき、切符を渡しパスポートを要求され取り上げられた。返却してもらおうとすると、別の担当官に渡され、「こちらに来い」というしぐさをするのでついて行った。そこで説明があるのかと思っていると、別の女性担当官に渡された。その女性の後をついていくと駅舎とは別の平屋の建物に入って行った。ちょうどそこへ、私たちのグループが別の担当官と一緒に入ってきた。色々やり取りして分かったことは、ラサへの「入境許可書」に記載されている氏名と日時を、パスポートと照合して確認するためだった。

現在、チベット、そしてラサへの入境は、入境許可書の提示だけではなく、中国人であれば国民一人ひとりに与えられている身分証明書、外国人の場合はパスポートの提示が必要である。チベットのほかの地域からラサへの出入りにも入境許可書の提示、身分証明書の確認が必要なのである。私たちの場合は、旅行社が申請して許可された入境者一覧とパスポートを照合したのだった。そのため三〇分ほど余分に時間がかかり、ホテルの部屋に入ったのは深夜の一二時となっていた。

一七日の夜遅く着いたのと、何しろラサは富士山の九合目と同じ標高三六〇〇ｍにあるので高度に順応するために、一八日の午前中は各自の体調に合わせてぶらぶらすることにした。朝、地元ガイドの呉さんが医師を連れて各部屋に体調の検診にやってきた。私は昨日、由比駅のプラットホームで突然高山病の症状に襲われたが、ラサに着く頃には自覚症状は消えていた。血中の酸素濃度を調べたところ七八％だった。ラサの高度から地上に比べて酸素濃度は七割ぐらいなのだから、まあまあだ。私は仕事上でメールのやり取りの必要があったので、午前中はホテルの部屋に閉じこもり作業した。

セラ寺

一八日午後、バスで出かけて昼食をとり、その後セラ寺（色拉寺）を訪ねた。一四一九年に創建されたゲルク派の大寺院で最盛期には五五〇〇名もの僧侶が修行していたそうである。今でも七〇〇名余りの僧侶がいるそうだ。日本人としては、チベット潜行で有名な河口慧海《かわぐちえかい》、そしてその後、多田等観が修行した寺である。

当時の本山寺というのは宗教の本山であると同時に、今でいうところの大学の機能を合わせもっていた。八歳ぐらいで少年僧として入門して基礎教育を受け、仏教の研鑽をはじめ僧侶としての訓練を受けながら、やがて数学、天文学（暦）、医学（薬学）、建築（土木）、哲学、美術などを幅広く学んだ総合的知識人として育てられ、赴任した地方で住民の治療や、村の橋や道路建設にも携わった。

日本の宗教系の大学もそうである。宗門の本山の僧侶養成所が、明治以降近代教育制度が形成されたとき、専門学校や大学になった。西本願寺は龍谷大学、東本願寺は大谷大学、東寺は種智院大学、妙心寺は花園大学など。

セラ寺の境内では二〇代から四〇代ぐらいの僧侶四〇名ほどが、何組にも分かれて問答を行っていた。二人が座り一人が立ち、立っている方が相手に拍子をとって大きな声で質問する。座っている人がそれに答えるという方式で学んだことを確かめあっているのである。古代ギリシャにおいて市中の広場でソクラテスらが行っていた問答弁論や、近代ドイツの大学から始まったゼミも同じである。教師から学生への一方的な授業や一人だけでの読書だけではなく、問答を通じて記憶と理解を確かなものにするやり方である。効果的な学習方法の基本は古来から変わっていない。

河口慧海と多田等観

その後、河口慧海と多田等観が修行した僧坊を訪ねた。残念ながら時間が遅く、既に門が閉ざされていた。また、僧坊の前に彼らが寄宿していた建物（部屋）があったが、現在も僧侶の寄宿施設になっているので公開されていなかった。

河口慧海をはじめとする昔の宗教者の仏道を極めようとする情熱、そのためにあらゆる苦労をものともせずやり遂げたエネルギーには圧倒される。

河口慧海（宗教学者・探検家、一八六六―一九四五）は、中国や日本に伝承されている音訳された漢語の仏典に疑問を感じ、梵語の原典やチベット語訳の仏典を求めて日本人として初めてチベットに入った。当時のチベットは鎖国していたが、江戸時代の日本が中国、朝鮮、オランダとは交易していたのと同じでインド、ネパールとは交易していた。それで河口慧海はインドに入り、中国人に成りすましてネパールを経由して、薬をはじめとする三〇～四〇kgもの荷物を担いで、五〇〇〇m級のヒマラヤを越えてチベットに密入国し、先のセラ寺で修行した。

日本から持って行った薬で周りの僧侶の治療などにあたり、信頼を得て修行を続け仏典の収集に努めた。ところが日本人としてインドのカルカッタに滞在していた当時に遭遇したチベット人商人にラサで出会ったため、潜入がバレる身の危険を感じて、修行中ではあったが、再びネパール経由で脱出した。主著として『西蔵旅行記』『続西蔵旅行記』がある。

多田等観（宗教学者・探検家）はダライラマ一三世の特使として来日していた三名の僧侶の世話役をする中でチベット語をマスターし、彼らと共にインドに渡り、そこからチベットに入った。ダライラマ一三世に謁見し、一三世の世界情勢講義役となるほどの信頼を得た。ポタラ宮への出入り自由の高待遇で、セラ寺で修行を続けた。一〇年に及ぶ修行で博士の学位を得た後、一三世に惜しまれながら帰国。門外不出のチベット版大蔵経全巻をはじめ一三世の命で集められた二万四〇〇〇冊の本とともに帰国した。東京帝国大学の嘱託を経て東北帝大の教授として大蔵経等の研究に没頭し、『西蔵大蔵経目録』『西蔵撰述仏典目録』の刊行で一九五五年日本学士院賞を受賞。五六年、東洋文庫に迎えられロックフェラー財団の寄付によって作られたチベット研究センターの主任研究員となり、亡くなるまで後進の指導に当たった。

二人とも当時まともな道もない雪と氷で覆われた、標高五〇〇〇mを超える山々を一人で荷物を担いで歩いてチベットを訪ねたのであるから大変なことである。

なお、セラ寺の正門をくぐった参道の両側に沢山の僧坊があった。そこは、老齢で他の僧侶とともに修行できなくなった僧侶が世話を受ける僧坊で、いわゆる僧侶のための老人施設だそうである。

夏の離宮

一九日の午後、夏の離宮を訪ねた。

ダライラマはチベット仏教の最高指導者であると同時に政治の最高権力者であった。その拠点がポタラ宮殿であることはよく知られている。しかし、実際にはチベット暦の四月から九月までは同じラサ市内にある夏の離宮であるノブリンカで暮らしていた。

ここはダライラマ七世が一七四〇年に造営を始めたもので、三六㎢の広大な敷地に、歴代のダライラマがそれぞれの夏の離宮を建てて暮らしていた。時間的にすべてを見るわけにはいかないので、ガイドの案内で東門の近くのケルサン・ディキエルが建てた離宮と現在インドに亡命しているダライラマ一四世が住んでいた離宮、そして彼の図書館であった建物の三カ所を回った。二つの離宮においては謁見の場、控室、執務室、祈りの部屋、寝室、居間などを見学した。

ダライラマ一四世は一九三五年に青海省の小さな村の、ごく普通の農民の子供として生まれたが、一三世の生まれ変わりだと認定され、ダライラマ一四世として一九四〇年から五一年までチベット仏教、ならびに政治の最高権威者の地位にあった。しかし一九五一年チベットは中華人民共和国の一部とされ、その権力を失い、一九五九年にインドに亡命し、チベット亡命政権を樹立し現在に至っている。

彼が住んでいた「夏の離宮」には、ソビエトのスターリンから贈られた国際短波放送が聴けるラジオ、インドのネール首相から贈られた大型の蓄音機、一九五〇年代としては最新式の立派な水洗トイレ付のバスルームなどが整備されていた。英語の家庭教師とともに当時ラサにいた十数名のイギリス人とも交際していて、若い頃から相当世界の事情に通じていたようだ。

一四世の図書館を訪ねた。用紙は、和紙と同じくすべて地元の植物繊維を漉いて作られ、そこに虫除けの毒物が入れられていて保存状態は極めてよい。今では職人はほとんどいないそうで、ポタラ宮にある特別な工房で細々と作られているようである。驚くほど小さな文字を版木で印刷し、それを製本せず、印刷された紙を順番に重ねて布で包んである。この方が痛みが少ないかもしれない。この「夏の離宮」見学で午前中を費やした。

西蔵博物館

昼食の後、ホテルでしばらく休憩してから西蔵博物館を訪ねたが、立派な博物館であった。現在の中国ではすべての部門で独立採算が求められているために、地方の博物館は大概、家具や絨毯の展示場などの貸会場とされている。そのため展示物は片隅に置かれたりしているが、ここは博物館として機能し展示されていた。考古学的な展示物からはじまり歴史的経緯に即して展示されていた。

清（遊牧民である満州族が中国大陸に樹立した国）が発足したとき、チベットは清の外藩（属領）とされていた。清から派遣された歴代の統括官の名前が年表形式で詳細に書かれたものが掛けられていた。続いて中華民国が成立したとき、チベット政府の首相が、チベットは中華民国に服する旨の議定書に署名している場面の写真と議定書が掲示されていた。そして毛沢東の署名が入ったダライラマ一四世宛の「特別自治区として認める」という書簡も展示してある。要するにチベットは清の時代から中国の一部であったとする現中国政府の見解を歴史的資料で展示したコーナーである。この博物館が立派なのは、チベットは清の時代から「中国」の一部であったことを内外に示すための目的があるからだと推察した。

面白いと思ったのはチベット医学の展示コーナーであった。遊牧民であるチベット族は昔からヤクなどの家畜を解体してきた。また彼らは、ダライラマをはじめとする高僧をミイラにして保存してきた。そのために人体に対する見識が豊富であった。また、家畜の餌にする植物の知識も豊富であり、人間の様々な病気に効果がある薬草を見つける手立ても優れていた。そのため人体の解剖図や薬草の描写も極めて優れている。展示されていた各種の手術器具などの医療器具には、ヨーロッパの近代医学が起こる以前に、これほど精密で小型の医療器具が作られていたのかと驚かされた。

いつも思うのだが、産業革命以前においては文明的には東洋の方が西洋よりも進んでいた。イギリスで開始された産業革命で工業が起こり、近代兵器によって武装された欧米の軍隊によって東洋をはじめとする世界が蹂躙された。

また、産業革命以前の世界では多くの場合、遊牧民は農耕民族を圧倒していた。中国大陸がそうであった。隋や唐も遊牧民が打ち立てた国家であるし、金、元、清もそうであり、中国大陸では遊牧民が打ち立てた国家と農耕民族である漢族が樹立した国家が相互に入れ替わってきた。

馬で戦う騎馬民族の兵士は、スピードにおいても馬上から攻撃する点でも農耕民族の歩兵より圧倒的に強い。遊牧騎馬民族は広い範囲を移動するので商人であり情報マンでもあった。製鋼技術を含め最新の技術によって軽くて高性能の武器を持ち、商業により世界的ネットワークと幅広い知識と情報を持ち、才能ある多様な他民族出身者を登用し、外交的術策にも優れていた。こうした点があったからこそ農耕民族である漢族を何回にもわたって支配することができたのである。

近現代、欧米列強に蹂躙された国々は様々な苦難の道を歩みながら独立と産業革命を成し遂げ、今日では「アジア太平洋の時代」と言われるように、数世紀ぶりにアジアが欧米を凌駕する時代になろうとしている。しかし、遊牧民は農耕民族と違って定住せず移動していたので、富を蓄積せず、産業革命の担い手となることができなかった。そのため遅ればせながらも産業革命を成し遂げた農耕民族に支配される運命に甘んじなくてはならない歴史の悲劇に直面した。

チベットは基本的には高原の遊牧民の国家であった。過去にチベットが異民族の支配下に置かれたのはモンゴルの元と満州族の清だけであった。漢民族の国家であった宋にも明にも服さなかった。しかし、産業革命を成し遂げ近代的軍隊をもった中華民国、中華人民共和国の支配下に置かれてしまった。当然と言えばそれまでだが、博物館ではそれらの事情が分かるような展示はされていなかった。

見学の後、ホテルで夕食をとり、その後、劇場でチベット舞踊を見学した。開始に先だって観客席の四カ所で伝統的な太鼓演奏や民族歌謡が披露されたので、ネパールやモンゴルで見たような、チベットの伝統的な舞踏を期待したが、現代的演出によるチベットの歴史を描いたものであった。演出や照明、音楽は現代的にアレンジしたもので、歌や楽器演奏はすべてテープだし、舞踏は二、三の人を除けば、まったく素人水準で、期待外れであった。

ところで博物館の名前は西蔵博物館である。自治政府の名前も西蔵自治区である。「蔵」はチベットのこと。つまりチベットの西の自治区である。現在もそうであるが、チベット族は西蔵自治区だけに住んでいるのではない。雲南省、青海省、四川省、新疆のチベット寄りの西側は基本的にチベット人居住区である。清も中華民国も中華人民共和国もこれらチベット人居住区の東側を「中国」の直接の領土として組み込み、四〇〇〇m級のチベット高原を挟み、その西側を西チベット自治区（西蔵）としたのである。

ラサ河と弔い

七月二〇日（日）、ラサからバスで約二時間、郊外の四〇〇〇mを超える高度の峠、湖、氷河を見に行くことにした。ラサの市街地を少し出ると大きな河に出る。ラサ河である。樹も生えていない乾燥した周りの山々を見ていると、水量豊かな河など想像できないが、万年雪に覆われたヒマラヤの雪解け水を集めて流れているらしい。やがてもう一つの川と合流し、文字通り大河となる。河幅は二、三㎞はあるとみられ、山と山の間の谷間のほとんどは流れる河によって占められている。そのためラサの飛行場は「谷間」がもっと広い下流に作られている。

ガイドの話だとラサ周辺は乾燥地なので、河原も中州も砂だけで、それが風に舞い黄砂となり、かつては何時間も飛行機が飛べなかったこともあるそうだ。一〇年ぐらい前から河原や中州に植林が施され、それから黄砂はなくなったそうである。バスが進む道路の両側も植林され、立派な街路樹並木に覆われていた。また、道路から河にかけての平地は青々とした麦畑となっていた。河の水のおかげで植林・農業が成功しているようで、道路わきにある農家も「万元戸」と言われる富農層の家々が並んでいた。

ガイドの説明では、この河は二〇〇〇㎞下流のベンガル湾まで流れているそうである。チベット高原の川は北東に流れると黄河の源流となるが、こちらは南東へ流れ、ブータン、インド、バングラデシュを経由してベンガル湾に流れ込んでいるようである。その話と河の状況を見て、きっと昔からこの河を使った水運があったのだろうと思った。これくらい穏やかに滔々と流れている大河であれば、下るだけではなく帆船で遡ることもできただろう。

河岸に水葬台があった。子供や身寄りのない死者などはそこから水葬されてきたそうである。そのことからチベットにおける死者の弔い方の話になった。チベットでは現在でも多様な弔い方をしている。庶民の大半は現在でも鳥葬だそうだ。亡骸をバラバラにして石の台に置く。それを鷲や鷹などの猛禽類の鳥が食べ、あの世へ運んで行ってくれる。

半乾燥地を遊牧している遊牧民にとっては、様々な動物の死骸を食べている猛禽類の姿を見て、ごく自然に自分たちに最もふさわしい弔い方として会得したのであろう。大きな河のほとりでは水葬、土の柔らかい所では土葬、樹林が多い所では樹葬（樹の枝の上に亡骸を乗せる）、それに火葬、そして高僧などのミイラ化など、現在でも多様なやり方が行われている。

ラサ市内から見える小高い丘の上の鳥葬台（私たちもバスの窓から見た）で鳥葬が行われることを聞いたアメリカ人観光客グループが「見せてほしい」と言い、ガイドが連れて行った。そこで鳥が飛んできて亡骸をついばんでいるところを一斉にカメラで撮ったらしい。すると鳥はそのシャッター音とフラッシュの光で驚き、飛んで行ってしまった。亡骸は半分ぐらい残り、その分を集め火葬したらしい。

遺族の人々は「あの世に行けなかった」と悲しみ怒った。当然である。その事件以来、政府は鳥葬や水葬等が行われる場所への外国人の立ち入り禁止の措置を取ったとのこと。異なる文化をもつ人々に対する思慮に欠けた行為である。心しなければならない。

カンパ峠・ヤムドク湖・カローラ氷河

バスはやがて河岸の道路を外れ、山道を登り始めた。ものすごいつづら折れの坂道である。行けども行けども、どんどん登っていく。急な山の斜面は草に覆われているが、そこにヤクが放牧されている。四〇〇〇mを超える急な斜面を自由に歩いて草を食べている。緑の絨毯を敷いたような状態で、道路を作ったところを見ると、草は五cmくらい、その直下は砂である。だからこの草を破壊すれば、直ちに砂に覆われた禿げ山になる。微妙な状態で自然が保持されているのである。山を削って作った道路の上下は砂化しており、よほどの手入れをしないと砂化している部分が広がる危険がある。

そうこうしているうちに坂道を登りきり、標高四七五〇mのカンパ峠についた。向かい側の下に青々したヤムドク・ユムツォ（高原牧場のトルコ石の湖）が見える。緑の草に覆われた山々に囲まれた美しい淡水湖である（面積は六七八平方kmでほぼ琵琶湖と同じ）。湖を囲む山々の向こうには海抜七二〇六mのノジンカンツアンをはじめ万年雪に覆われた高峰が見える。

今度は峠を一気に下り、湖に沿って進む。湖の周りにはたくさんのヤク、羊などが放牧されていた。再び山間の道を行く途中、左に入る未舗装の道があった。ネパール、インドへ抜ける道で、ネパールへは一〇〇km、インドへは三〇〇kmだそうだ。ここからではラサへ戻るより、ネパールへ行く方が近い。そんなところを通り過ぎると周囲の山々の頂は万年雪・氷河に覆われはじめ、すぐ近くに氷河が見えるようになった。ノジンカンツアン（七二〇六m）から氷河が流れ落ちる麓がカロー峠（五〇四五m）だ。

バスや乗用車で来た沢山の観光客がいた。大半が中国人である。中国の人々もこのような場所まで自然観光にやってくる物質的・精神的ゆとりをもつ人々が沢山いる時代になったのだ。私自身は二度、四〇〇〇m級のネパールの山々を一週間単位で歩き、眼前に万年雪・氷河で覆われている八〇〇〇m級の峰々を見てきているので、氷河そのものには新たな感動はなかったが、車でこのような場所に来て観光できることに驚かされた。

なおネパールでトレッキングをしていたとき、ガイドが「ネパールでは五〇〇〇m以下はヒル（丘）といい、五〇〇〇m以上をマウンテン（山）といいます」と言っていた。最初、私は「さすがヒマラヤ山脈を抱えるネパールだ、基準が違う」と思っていた。しかし、エベレスト観光飛行機に乗ったとき、意味が分かった。ネパールやチベットのヒマラヤ山系では五〇〇〇mを境にそれ以上のところは万年雪・氷に覆われている。そこではヤクの放し飼いや農作物の栽培ができない、つまり人間が定住できない場所となる。それで地元の人々は五〇〇〇m以上のところは神々が住む場所と言っているのである。私はヨーロッパアルプスやカナディアンロッキーなどにスキーに出かけたが、そのときに見える山々は四〇〇〇m級であり、「あそこを登りたいなあ」と思ったりしていた。しかしネパールで四〇〇〇m級の場所をトレッキングしていて眼前に氷と雪で覆われた八〇〇〇m級の山を見たとき、到底そこを登りたいなどの気持ちは起こらず「ああ本当に神々が宿る山々だ」と思った。

観光客相手に一緒に写真を撮り、お金をもらおうとするチベット人遊牧民が多数現れた。すべての人を相手にするわけにはいかないが、娘さん二人、ヤクを引き連れたお爺さんに金を払い一緒に撮った。

　ラサへの帰りは同じ道を戻った。途中で遊牧しているお爺さんと写真を一枚撮った。カンパ峠を降りたところにある集落で、ガイドの呉さんの働きかけで一軒の普通の貧しい農家に入れてもらった。通常の旅行でも「チベット人の家庭訪問」の企画があるが、それは政府が斡旋するもので、「万元戸」などの裕福な家に限られているらしい。我々が訪ねた家は耕地面積も狭く、農業だけでは食べられず、御主人は月曜日から金曜日までは泊まりがけでラサの工事現場などへ出稼ぎに行っているとのことであった。

放牧中のお爺さんと

　ラサに戻ってきたときには夕方になっていたが検問所があった。ラサ以外のところからラサに入るためには入境許可がいり、外国人ならパスポート、中国人なら身分証明書を入境許可書とともに提示しなければならない。そこを通過して夕食のレストランに行った。

大照寺

二一日の午前中は大照寺を訪れた。

大照寺で五体投地する人々

チベットはダライラマ五世の七世紀に統一され吐蕃《とばん》となった。そのとき、旧勢力の策動を防ぐために現在のラサに遷都した。当時は山に囲まれた湿地帯であったが干拓し、寺などを建て整備した。そのとき、聖（チベット仏教）の最高位でありかつ俗（政治権力）の長である王の両方を担うダライラマの王城、ポタラ宮が紅山の斜面を使って建設された。

遊牧民族のチベット族の統一国家である吐蕃の王、ダライラマ五世の権勢は大きく、唐の王女である文成公主とネパール王国の王女であるティツンの二人を妃とした。文成公主が唐から持ってきた仏とティツンがネパールから持ってきた仏の二つを納める寺として、七世紀中期に湿地帯の池を埋め立て大照寺が作られた。創建を巡っては色々の伝説があるが、二人の妃がダライラマ五世を弔うために作った寺なのであろう。

大照寺の門前には地方からも来ているのであろう膨大な数の信者がどんどんやってくる。しかし注意深く見ていると、かならずしもみんなが寺に入るのではなく、大多数の人は寺の周りを時計回りに巡礼行進している。正門の周りでは多くの信者が五体投地を繰り返している。私たちは入場券を購入し正門の右側の小さな入り口から入った。信者は正門の左側の入り口から入っていた。中に入ると通路の真ん中にロープが張ってあり左側を信者、右側を観光客が歩くことになっていた。信者側は押すな押すなのぎっしりであった。観光客側はほとんどが団体であるが、間が空いて進める状態であった。外で寺の周囲を巡礼のように歩く人々、寺の正門前周辺で五体投地を続ける人々、そして寺の中をびっしりと埋めて参拝する人々。ここでは宗教が生活の中に生き、根付いていると実感した。

並んでいる多くの信者が魔法瓶を持っていた。人いきれで暑いので、お茶でも入れて持っているのかと思ったが違った。信者たちの魔法瓶の中には温め溶かされたヤクの乳で作ったバター油が入っていて、それを灯明皿にかけているのだ。寺の中には小さな部屋が沢山ある。そこには灯明が掲げられているが、信者は灯明のある所では必ず溶かしたバターをかけていた。ここは完全に信者の信仰世界である。私たちのような信心のない観光客は出入りしないか、信者の隅でそっとしているべきで、ガイドが大きな声で説明したりするのは控えておくべきだろうと思った。

大照寺を出た後、寺の周りの門前町の土産物屋を回った。寺が建立され、その周りに門前町が生まれ、やがてそれを取り囲んでできた文字通り寺町である。そこで各自土産物を買った後、レストランで昼食をとり、一旦ホテルで休憩して、ポタラ宮殿に向かった。

ポタラ宮殿

許可された入場開始時間（三時）の一時間前に着くことが義務付けられているので、私たちもそれに遅れることなく出向いた。

ポタラ宮は、チベット仏教による政教一致の最高権力者である歴代ダライラマの居城である。ポタラというのは「観音様が住む山」という意味で最初、観音像を祭る御堂が建てられた後、次第に様々な建物が建てられポタラ宮と言われるようになったそうである。ポタラ宮の建設は吐蕃王国がラサに都を移した七世紀から開始されたが、本格的な建設はダライラマ五世が政教一致の権力を掌握した一七世紀の中期、一六四五年から四九年にかけて主要部分が建設され、すべてが完成したのは一六九五年だそうである。それ以来、一九五九年にダライラマ一四世がインドに亡命するまで約三〇〇年間、チベットの聖俗両界の中心となっていた。高さ一一五m、東西三六〇m、南北三〇〇m、総面積四一平方㎞、部屋数一〇〇〇室で、世界で最も大きな宮殿の一つと言われている（中国の故宮も部屋数一〇〇〇室と言われている）。

写真などで見ていたポタラ宮は、山の斜面にそれだけが建っているように見受けられた。しかし実際に行ってみると最下部は道路に面していて、前は広場になっている。そしてポタラ宮が建っている紅山という小高い丘の周りにはぎっしりと町並みが広がっている。それが当然なのだ。政教一致の最高権力者が住む王宮が人の住まない山の中にあるはずがない。外国人写真家などがエキゾチックな雰囲気を映し出すために意図的に町並みをカメラに収めていなかったのだと思われる。

このポタラ宮では入場許可書とパスポートを同時に提示するよう求められる所をはじめ三回の

検問がある。そして入国審査や飛行機への乗り込みのときと同様に化粧水をはじめ目薬まで一切の水ならびにライターなどの持ち込みが禁止されている。高山病対策の小型の酸素ボンベも認められていない。

ラサの市街地の平均海抜は三六五〇ｍほどであるが、ポタラ宮は紅山という小高い丘の斜面を利用して建てられており、高さが一一五ｍある。そこを登っていくということは富士山の九合目から最後の頂上登りと同じと思えばいい。写真で見えるポタラ宮（カバー写真参照）の赤い部分が宗教にかかわる場所、白い部分が政務にかかわる場所。外からは見えにくいがちょうど真ん中ぐらいまでの坂道があり、六〇ｍぐらい急坂を上った所で建物の中に入る。ガイドの話だと、ここから建物を出るまでの見学時間は一時間に制限されているそうで、ガイドの歩くスピードに合わせてほしいと言われた。建物に入る前に振り向くとラサの街並みが整然と広がっている。よく整備された街だと思う。私たちが通ってきた城壁の内側にある白い建物は造幣所や厩、役人の住居、刑務所、酒蔵、宗教書の印刷所などになっているそうだ。

壮大なポタラ宮前にて

建物の中は一切撮影禁止である。登っていくと広場に出た。その正面に建っている白い四階建てがダライラマが執務した建物だ。そこを最上階まで上がった。これで登りは終わり、ここから下りながらの見学コース設定となっている。したがって観光客が見学できるのはポタラ宮のほんの一部分なのだ。そこにはダライラマの執務室、謁見の間、控室、寝室、居間、瞑想室などが整えられていた。四階建ての白い建物を出て、今度は赤い宗務部分に入った。即位等に使われる大きな会堂・西大殿を過ぎた後、歴代のダライラマの像や各種の仏像が置かれた長い大きな部屋に入った。三十三間堂のような部屋であるが、一つひとつの像がもっと大きく迫力をもって迫ってくる。これだけの仏像空間は初めて見た。中国はもとより日本のどの寺でも見たことがない。いつも思うのだが、産業革命以前の近代では建築や彫像などの技術でどこが一番進んでいたなどは言えない。現在の時点での文明の差異で進んだ国、遅れた国という区分けが行われているが、二〇〇〇年、三〇〇〇年前では決して中国が欧米や日本に遅れていたわけではなく、むしろ進んでいた。チベットのこのポタラ宮殿などを見ると、その建築技術や置かれている仏像の水準は、確実に中国に現存する寺院や仏像を上回っている。

そんな私のいつもの思いを確かめつつ次の部屋に入った。そこは歴代ダライラマのミイラを収めた霊塔が安置されている場所であった。これには圧倒された。一つひとつが縦横、高さ一〇m以上で、黄金に覆われ、膨大な数の宝石が散りばめられている。その中でひときわ大きく立派なのが、最も権勢をふるっていた五世ダライラマの霊塔である。高さ一七m、五トンもの金を使い、瑠璃やダイヤモンドなど一五〇〇〇個もの宝石をちりばめたもので「世界無二荘厳」と言われているそうである。巨大な政教一致の権力のなせる業である。

日本や中国そしてヨーロッパでもそうであるが皇帝や天皇、将軍、大名などが寺や教会に寄進して寺院が作られる。俗世の城は別にある。しかしチベットのような政教一致の権力は政務と宗務の両方の権力を掌握したダライラマによって統治され、それが融合した建築物としてポタラ宮が作られたのであるから、まさにその国の富と技術と文化を総結集したものになっている。

北京郊外の「明の十三陵」を訪ねたことがある。その巨大さにも驚かされたが墓は墓であり政治・宗教の拠点ではないし、中の宝物は盗まれたりして、文化的・芸術的感動を与えられる場所ではなかった。ヨーロッパ旅行をしたとき、バチカンやルーブルの建築は「すごい」と思ったが、このポタラ宮が醸し出している古い宗教的権勢とは違ったものであった。私には好きになれるものではなかったが、ともかく圧倒されて、建物から出て、さんさんと輝く太陽のもと長い坂道を下りながらほっとした。

後、レストランで夕食をとり、今回のチベット探訪のメインは終わった。

チベット訪問の最後に

チベット訪問のはじめに書いたように、私は仕事や個人旅行で中国の省（自治区）を一通り回ってきたが、チベットだけは訪ねたことがなかった。チベットについても多少の知識はあったが、やはり直接訪ね、見聞きして学んだことは多い。その中でいくつかの感想的なことを述べる。

第一の印象は、中国政府はチベット開発に相当な力を入れていると思ったことである。ラサ駅、ラサ飛行場、そこから市内に入る高速道路、市街地の整備、チベット自治政府の財政力だけでは到底できない規模である。市内の幅広いメイン通りは、明らかに再開発としてチベット人居住者を立ち退かせて作られ、概してよく整備された街並みとなっている。メイン通りは「北京通り」と称され、北京と同様に白い歩道柵の内側には柳並木が植えられていた。通りに面した店はすべて漢字表記の漢族の店となっている。ラサ駅からラサ河を渡って市街地に入る手前に、新築高層マンションが大量に建っている。ラサに進出してきて商業・観光業の担い手として繁盛している漢族の居住区である。

二つ目は、駅や飛行場、有名寺院、もちろんポタラ宮にも、過剰とも思われる武装警官（日本の機動隊並みではなく自動小銃を構えた部隊）が配置されている。文化財を守るためというより、民族問題を意識した治安部隊だ。ポタラ宮前広場には立派な掲揚台が作られ「五星紅旗」（中国国旗）が掲げられている。それどころかポタラ宮の最上部にも掲げられていた。これはチベット人にとって複雑な民族感情を引き起こしていると推察される。

三つ目は「開発と民族問題」についてである。

前にチベット暴動が起こったとき、親しい中国人のAさんと話していると「鈴木さん、日本の人はチベット問題が分かっていないと思います。中国政府がチベットの発展のためにどれほどのお金をつぎ込んでいるかを知りません。中央政府がチベットに投入しているお金とチベットから持って帰っているお金を比べれば、問題なく投入したお金の方が多いです」と言われた。

私は「その通りだと思います。ところでAさんの意見は日本の経済学者の相当数の人が『日本が満州（中国東北地方）や朝鮮の開発のために鉄道やダム、炭鉱などにつぎ込んだお金と、持って帰ったお金を比較すれば、投資金額の方がずっと多く、戦後の中国東北地方や朝鮮半島の発展の基礎を築いた』と言っている意見と同じだと思いますよ。単純に経済的なことだけを計算すれば、そうだと思います。しかし民族のプライド・誇りは別のところにあります。民族のプライドや誇りを踏みにじってはならないのだと思います」と語った。

四番目は歴史問題。私は先にポタラ宮や大照寺のことについて触れた。創建年度などはガイドの説明や英語の掲示物で確かめた。しかし当時のチベットは「中国」とは別個の独立した王国であった。この点が中国人に対する説明ではどうなっているのかは分からなかった。現在と同様に中国の地方政権として語られているのではないかと思う。

現在の中国東北地方から朝鮮北部にかけてかつて高句麗という国があった。これが中国の一地方政権であったのか、韓国の昔の国であったかという点で中国と韓国の間で歴史論争が続いている。高句麗は現在の東北地方にあったが、当時の中国大陸の国家とは関係のない独立した王国であったし、中国と度々国境紛争の戦いをしていた。朝鮮人によって作られた王国であったが、現在の韓国とは関係のない国である。歴史を現在の国境線を基に考えることは正確ではない。

第五番目は、そうしたことから中国大陸の歴史の遠大さについて改めて考えさせられた。日本では沖縄と北海道は江戸時代までは、日本でも大和でもなかった。しかしそれ以外の地域については日本語を使う人々によって一つの社会が構成され、奈良時代、平安時代と一つの歴史、日本史として理解される。そうしたことから中国に関しても日本では「中国の歴史」として語られている。しかし中国大陸においては、支配民族は、何回も言語の異なる民族に入れ替わっている。したがって私はヨーロッパと同様に「中国の歴史」と言うよりは「中国大陸の歴史」と言う方が実態を正しく表すことができると思っている。

ところで現地ラサのガイドの呉さんは「自分はモンゴル人だ」と言われた。それで「いつ頃チベットに来られたのですか」と聞くと、「一四世紀のことです」と言われた。それで意味が分かった。元が中国大陸を支配したとき、彼らはチベットも支配下に置いた。呉さんは、その頃にチベットに来たモンゴル人の子孫なのだ。

実は先に記したように、七世紀にチベットに統一国家、吐蕃ができ隆盛を誇ったが、その後再び指導権争いもあり衰退し崩壊、チベットは再び分裂した。再度「統一」を果たしたが元が侵攻してきた。元を形作ったモンゴル人もチベット仏教の信者であり、寺の再興にも努めた。その頃のダライラマはモンゴル人であった。その後、元が衰退してチベットから引き揚げた後、チベットの再興がなされた。ダライラマ五世が聖俗両方の権力を掌握した一七世紀がチベットの最盛期で現在のポタラ宮も作られた。

ところが満州族が中国大陸に清を建国した。やがてウイグル、チベットにも侵攻した。イスラム教を信じるペルシャ系住民がいるウイグルではすさまじい虐殺を行って清国に隷属させた。騎馬民族である満州族もチベット仏教の信者であった。そのためウイグルほどではなかったが、チベットもやはり清（満州族）の外藩（属国）にされた。そのときチベットにいたモンゴル人は追放されるか虐殺された。呉さんの一族はモンゴルに帰ることもなく、虐殺されることもなく生き延び今日に至るというのである。たいした一族である。

私はモンゴルには仕事の関係もあって昨年だけでも三回、少なくとも一〇回以上行っている。呉さんに「モンゴルのどこですか」と聞くと「フフホトです」と言われた。現在の中国の「内モンゴル自治区」が彼のルーツなのだ。ただし彼も父親も行ったことはないそうだ。それでも「自分はモンゴル人」であると誇りを持って語っている。このあたりの話になると普通の日本人には理解できない。

六番目、中国の固有の領土について。

現在、中国政府が「中国の固有の領土」と言っているのは清国が支配下に置いた地域である。「清国を倒し中華民国ができ、その中華民国を倒して中華人民共和国ができた。したがって中華人民共和国の固有の領土は清国が支配していた地域でありウイグルもチベットも中国の固有の領土である」としている。その前の明は清国の領土に比べて小さいので「明の領土」とは言わない。ところで中国は現在、海洋進出に力を入れている。しかし騎馬遊牧民族であった満州族の清は海洋進出には熱心ではなかった。それに対して明は永楽帝の時代には鄭和《ていわ》を大航海に派遣し、東南アジアやインド、そしてアフリカ東部にまで朝貢を促したりしていた。そのため現在の中国は海の権益としては明が海洋進出をした地域であるとまで言い出したりしている。

なお中国では少数民族ごとの自治区があるが、誰もが知っている民族で自治区がない民族がある。それは満州族である。満州族は三〇〇年間にわたって「清」として漢族を支配した。その打倒に動いた孫文、その後を継いだ蒋介石、そして毛沢東も満州族の自治を認めなかった。「彼らに一定の地域において自治を認める」ことが怖かったのである。

そんなことを色々と考えたチベット行であった。

二　仏教徒とのブータン紀行

はじめに

二〇一四年一二月一二日から一九日にかけてブータンを訪ねた。

ブータンはアジア最貧国の一つで、面積は九州程度、人口はわずか七〇万人余りである。日本人でブータンに関心を持ったり訪ねたりする人は少なかった。

二〇一一年一一月、ブータンのシンゲ第五代国王とシンペ王妃が新婚旅行を兼ねて日本を訪ねて来られた。若き国王夫婦の知的で上品な振る舞いが連日マスコミで好意的に取り上げられ話題となった。そのとき、ブータンが「国民所得」ではなく「国民の総幸福感」において世界一であることが報じられ、日本人の関心を引いた。

私はブータンに関しては仕事上の必要性がなかったので訪ねたことはなく、機会があれば訪ねてみたいと思っていた。

ある会合の際、旧知の宮城泰年さん（聖護院門跡・管主）と同席した。そのとき、宮城さんから『仏教タイムズ』に掲載されたご本人の「異議あり集団的自衛権」の記事を紹介された。その場で読んだとき、別の紙面に仏教タイムズ社企画の「ブータンの仏教と文化を訪ねる旅」の募集案内が掲載されていた。早速、申し込んだ。

その際、私が考えたことは、参加者の大半が仏教関係者と予測されたが、その人たちと交流するのも新しい体験になると思ったこと、そして「国民の総幸福感世界一」について可能な見聞を得ようと思った。

ところが年末ということもあり、応募者がなかなか集まらず催行決定が遅れた。結局最低催行人員一五名に対して六名で出発することになった。

参加者は曹洞宗の東京のお寺の住職と総務参謀（事務局長）、同じく曹洞宗の豊橋の住職、立正佼成会の総務外務担当の人、仏教タイムズの記者、それに私であった。

ブータンまでの長い行程（一二月一二〜一四日）

一三日、午前八時半に成田空港集合であったので、当日の朝に京都の自宅から出かけるのでは間に合わず、一二日の午後四時に自宅を出て、京都駅から「はるか」に乗り、関空で夕食を取り、午後八時二〇発の成田行きに乗り、成田から送迎バスでホテルに着いたのは午後一〇時三〇分過ぎであった。

忙しかったので国内便の飛行機ならびに成田でのホテルの手配を知り合いの旅行社に依頼した。「格安便なので機内持ち込みは一〇キロ以下で、それを超えると超過料金を取られるので注意」

と書かれていた。私は最近は荷物は機内持ち込みだけで済ませてきた。しかし今回は、日本を出るときは冬、途中で滞在するバンコックは夏、ブータンは標高三〇〇〇ｍを超えるのでオーバー等が要る。そのため荷物が増え、手荷物ではなく托送にした。私は旅行キャリーは小と大しか持っていず、荷物の量からみて小では無理なので大にした。リュックでもキャリーでもそうだが、大きいとその分だけ荷物が増えてしまう。関空で測ったところ一九・五キロあった。ところが格安飛行機では一五キロを超えると超過料金を取られ、結局六〇〇〇円の超過料金であった。飛行機代が六四〇〇円なのに荷物の超過料金が六〇〇〇円とは少し無茶である。成田の乗降受付の近くに宅急便取扱所があったので、京都までの料金を聞くと一九五〇円であった。帰りは成田から自宅まで宅急便にすることにした。

一三日、成田午前一〇時四五分発、ＴＧ六四一のバンコック行に搭乗し、バンコックに一五時四五分に到着。そこで旅行社がチャーターした車でホテルに移動、六時から夕食を食べて寝る。

明くる一四日はホテルを六時半に出発し、バンコック一一時三五分発のＫＢ一三に乗りブータンに向かう。しかし直行ではなく、インド北部のバクドグラ飛行場で乗客の乗り降りとガソリンの給油を行った。天候不順もあって、ここで二時間待たされ、ブータンのパロ国際空港（標高三〇〇〇ｍ）についたのは二時過ぎであった。結局、日本から丸二日間かかっての移動であった。

今のところ日本からブータンへの直行便の計画はないが、近く香港経由の便はできるそうで、そうなれば成田や関空から一日でブータンへ行けるようになるかもしれない。

最初の印象、タシチョ・ゾン（城塞）、野菜市場（一二月一四日）

パロ国際飛行場はこじんまりとした飛行場で、タラップを降りて徒歩でターミナルビルに行く。入国審査場の正面には初代から現在の第五代にいたる国王の写真が掲げられている。入国審査ではカメラもなく、パスポートをスキャナーで取り込むこともなく、パスポートとビザを確認するだけであった。いずれの審査官もブータンの民族衣装を着ていたのが印象深かった。

なおブータンはパスポートだけではなくビザがいるが、チベットと一緒で入国だけではなく国内の移動にあたっても、いくつかの場所に検問所があり、政府によって許可されたビザに記載された場所にしか行けない。今回の我々であれば、パロ県、ティンプー県、プナカ県の三カ所だけであり、それ以外の県には入れない。観光は全て政府の管理の下にあり、あらかじめ認可されビザに記載された場所へ政府公認のガイドの案内で行動することになる。チャーターしてあった専用車で首都のティンプーに向かう。

谷筋の川に沿った道路を進むと山の斜面にはブータンの伝統的様式の農家が点々と建っている。四〇分ほど進むと道路脇に四～五階建の真新しい集合住宅が現れる。聞くと、川の向こう側の家は車が通る道路に出てくるのが大変なのと生活用水の確保が難しく、政府が川筋に添って車が通れる道路脇の集合住宅に移り住むように奨励しているようである。それにしてもブータンの農民が集合住宅に移り住んでいるのは驚きである。建物はいずれも真新しく、ここ数年のことなのであろう。

ブータンは山国で、外国との交わりを厳しく制限していた農業と遊牧の国であった。それが外国人観光客の受け入れを開始し、市場経済化して急速に変わっている姿が目の前に繰り広げられている。なおブータンという名称はインド人がつけた名前で、ヒンズー語で「山の国」という意味らしい。ブータン人は自分達の国のことを「龍の国」と言っている。

ブータンの最近の経済事情について質問した。外貨獲得の第一位は水力発電所による電力をインドに輸出していること。第二位は観光業だそうである。

二〇二〇年までに新たに六つの水力発電所を建設し、電力不足のインドならびにバングラディシュに輸出することになっているそうである。建設費はインド政府から半分は無償、半分は借款で確保している。

ただ、これらの水力発電所の建設は、いずれもインドの大手建設会社が請け負っている。その土木建設労働者も大半はインドからの出稼ぎ労働者である。水力発電所の建設だけではなく、道路建設、集合住宅をはじめとする土木建物建設の大半は、インドの会社が請け負い、労働者もインドから来ている。その人数は六～七万人に及んでいるそうである。人口七〇万余りの国にインド人の土木建設労働者が七万人いるのであるから、労働・雇用問題等の様々な軋轢が想像される。またブータン経済が極めてインドに依存している構造が推察される。帰国してから知ったことであるが、ブータンの国家収入の四分の一は外国からの援助資金であり、国家運営のかじ取りは極めて難しいと推察される。先に若き国王夫婦が新婚旅行を兼ねて日本にやってきたのも援助問題と深くかかわっていると思われる。日本は一九五〇年代後半から今日まで、米作や野菜栽培などの農業支援を中心に支援してきた。

車が、なんとなく市街地に入ったような感じがした。いつの間にか首都のティンプー（標高二三〇〇〜二四〇〇m、人口七万人余り）に入っていたのである。「これがサッカー場です」「これが国営の野菜市場です」と示されたものは、いずれも日本の田舎町にあるような簡単な施設であった。やがて「官庁街」に入った。それはタンチョ・ゾン（城塞）と言われる一七世紀に建てられた城塞をメインとするものであり、周辺に住宅など他の建物はなく、小さなおとぎの国の首都という雰囲気であった。一七世紀当時、北部の隣国であったチベットからの侵攻が度々あり、国の要所二〇カ所あまりに城塞を建設し、侵攻に対処していたそうである。

一七世紀の初頭（江戸時代初期）に建てられたものとしては、日本のお城と比較しても規模も大きく立派なものであった。建物そのものは地震や火事で何回も倒壊や焼失したが、その都度、元の建物が忠実に復元され、最初に建築された当時と同じ様式になっているそうである。

現在、建物の半分は政府の施設として使われ、半分はチベット仏教の宗教施設で、僧侶養成の学校とお寺となっている。政府施設として足りない分はお城の前に、粗末なつくりの木造一階建ての建物が何棟かあった。ただ一七世紀のお城を政府の施設として使うのは効率上の問題もあり、我々が目にした限りで言うと、国会議会堂、中央警察所、国立銀行、中央郵便局は、鉄筋コンクリートの独立した建物として作られていた。

いわゆる政教一致ではなく政教二立制で、世襲君主ワンチュク家による立憲君主制国家である。大僧正は王室に次ぐ影響力を持っており、ドク派教団の僧侶は事実上公務員に近い待遇を受けている。しかし僧侶には選挙権も被選挙権もなく、宗教と政治を分離するためのシステムも用意されている。

我々が到着したときは、勤務時間が終わる時間で、一〇名ぐらいの儀仗兵によって掲揚台から国旗が降ろされる儀式が行われていた。そのとき三名の僧侶が笛を鳴らすなど同席していた。お城の下の左側に国会議事堂、右側に国王夫婦の居宅があった。お城と国会議事堂の撮影は認められているが、国王居宅の撮影は認められていない。

式典が終わった後、ゾン(城塞)の中に入った。建物の二階から中の広場に出ると四角い建物の周辺を三階建の回廊が囲んでいて、内側は石畳みの広場となっていた。左右両側には四階建ての立派な石造りの建物があった。その内の一つが宗教施設で、中に入ると正面に大きな仏像が安置された講堂であった。一人の僧侶が読経していた。聞くと夏の間は三〇〇名ぐらいの僧侶がいるそうであるが、標高三二〇〇mと高いので、冬の間は寒さを逃れ隣の県であるプナカにあるプナカ・ゾン(標高一二〇〇m)に移動しており、我々が訪ねたときは留守番役の僧侶が二〇〜三〇名滞在しているだけだそうである。

私以外の人は仏教関係者で、仏像の前で五体投地による拝礼を行っていたが、私は戸惑いながら隅に立って見ていた。

一人一ドル程度をお布施していると僧侶が立ち上がり「聖水」の入った瓶を持って近づいてきた。両手の手のひらを合わせ掬うようにすると、ほんの少し聖水を注いでくれる。その半分ぐらいを口に含み、半分を頭髪に降りかける。なにかよく分からないがサフランのような香料が入っている味であった。

市内の中心地に向かい五時に閉まる国設野菜市場を覗いた。吹き抜けの簡単なコンクリート製の二階建ての建物で、柱は鉄のパイプ、屋根はトタン張りで、店一軒当たりの面積は三畳ぐらいの空間で、回りをコンクリートの流し台のように仕切ってあり、そこで各自様々な野菜を売っていた。売っている人は農民的雰囲気ではなく、商人風で農民から買い付けて来たものを並べて売っている感じであった。それよりも私が驚かされたのは、明らかにインド人と思われる人々が沢山いて買い物をしていたことである。身なりや雰囲気から明らかに道路工事や建設現場で働いている貧しい出稼ぎ労働者であった。野菜市場は金・土・日に営業していて、休日である日曜日に同じ飯場で働いている労働者がグループで買い出しに来て自炊しているそうである。日曜日の夕方は最後なので半額ぐらいになるため、そのときに買付に来ていた。

その後、ホテルに移動し夕食を取る。

このホテル、旅行社の話では首都のティンプーにおいて最近建てられたもので、ブータン人は泊まることができない高級ホテルとのことであった。それが一五室余りの小さな四階建てのホテルであった。バスにお湯を張ろうとすると鉄さびでにごった茶色いお湯が出てきたり、洗面所で少し長く水を出していると床に水がしみ出してきた。暖房は各部屋で電気ヒーターを使うのだが、一向に温かくならない物があり交換してもらった。また電気ソケットが駄目で、部屋に置いてあるスタンドやテレビが付かない。調べると入力コードがソケットに差し込んでいないので、差し込もうとするとちゃんと入らなかった。

建物はなんかとか作れるが、水回りや電気工事などの細かい作業が駄目なようである。

ドチュラ峠、子宝寺、プナカ・ゾン（一二月一五日）

ドチョラ峠を越えて西隣のブナカに行く計画であった。

ブータンは南北に何本もの山脈が走り、山脈間の谷間を急流の川が流れている。この山と川によって分断されている国で、東西の移動は山を登り谷川を渡らなければならない。自動車が普及し始めたのはつい近年のことで、国際空港のある西のパロから東のタシガンまで車で東西に移動できる道路（六五〇㎞）は近年完成した一本しかなく（国道一号線）、しかも一・五車線の道で、すれ違うときには、いずれかの車は片側の車輪を路肩に落とさなければならない。山道であるにもかかわらず、大半のところにはガードレールもカーブミラーもなく、舗装も不徹底で、されているところとされていないところがあった。山側の斜面は削っただけである。そのため雨が降ると道路はぬかるみになるし、斜面は簡単にがけ崩れで通行不可能になる。一二日、一三日に雨が降ったこともあり、未舗装のところがぬかるみになっているだけではなく、何カ所も崖崩れが起こり、崩れ落ちている土石を除かなければ通れない。

二〇二〇年に向けて東西全線の舗装工事が行われていたこともあり「ここは何時から何時まで通行を止めて舗装工事と崖崩れの土砂除去整備工事を行う」という措置が取られる。我々が西のディンプーから東のプナカへ移動するにあたっては、最初の工事箇所が七時から始まるのでホテルを午前五時半に出発し、工事予定場所を通りぬけてから朝食を取ることにした。次の工事箇所は九時から工事が始まるので、それまでにそこを通り抜けなければならない。そうした情報はインターネットで流されているので、ガイドや運転手はスマートホンの所持が必須である。

ホテルを五時半に出発し急な坂道を登って行ったが、途中で雪が降り始めた。峠に近づき始めると舗装された場所では凍り始めていて危険な箇所もあった。冬の間、気温が下がり氷結する朝晩は、通行できなくなるそうである。約一時間余り登りトチュラ峠（標高三一五〇m）に到着した。晴れた日だと北側にヒマラヤ山脈が見えるそうである。そこに最近、外国人向けと考えられるしゃれたレストランが建っていたので、そこで朝食を取った。道路を挟んだ向かい側に沢山の仏塔が建てられていた。またレストランと並んでお寺があった。

ガイドに聞いたり本で調べたりすると以下のようなことが分かった。ブータンは南部をインドと接しているが、そのインドのアッサム地方で「インドからの独立」を掲げるゲリラが行動している。インド当局からの攻撃を逃れるためにブータン側に入り、そこに拠点を作りインドへのゲリラ活動を行っていたそうである。インド政府からゲリラの掃討を求められ、ブータン政府は二〇〇三年にゲリラ掃討の軍事行動を行った。そのとき、ブータン軍にも多数の死傷者が出た。そこで先代の第四代国王の王妃の寄進で、亡くなった兵士を弔うために一〇八基の仏塔とお寺が、この峠に建てられたそうである。

峠のレストランで朝食を済ませたあとプナカの方に向かって、工事で閉鎖される七時までに坂道を下り始めた。ガードレールもない、ぬかるみの曲がりくねった坂道を下るのである。いたるところで崖崩れが起こっていて、車の離合も大変で危険極まりない。

インドのゲリラ掃討の軍事行動で
亡くなった人々の108基の仏塔

一五分ばかり進むと渋滞で車が止まってしまった。

先のダム建設のための資材を運ぶ、インドのタタ製の二〇tから三〇tは運べそうな大型ダンプカーが両方から大量に通過しようとして離合できずに停滞を起こしているのである。何十分もかかって何とか離合できて通過しプナカ県に入った。しばらくして国道一号から離れ県道を行くと、子宝で有名なチミラカン（ラカンは寺院という意味）が丘の上に見える。車を道路脇に止め、参拝に行く。道の最初と最後は地道とはいえ参拝道になっていたが、途中は田んぼのあぜ道であった。田んぼでは稲刈りが行われていて、大人に交じって小学校高学年ぐらいの子供が一〇名ぐらい働いていた。刈り取った稲を筵の上に叩きつけ稲穂を落し、続いて稲穂を取った藁を自分の身体の倍を超える量を紐で束ね、背中に担いで運んでいた。明らかに貧しい農民の不就学の子供たちだ。

チミ寺院についた。本殿と思われる御堂で中年の僧侶が椅子に座り、仏像に向かって読教し、その周りに一四歳から一八歳ぐらいの少年僧が床に座って読教していた。経典はチベットのお寺で見たものと同じで、横に細長い紙に小さなチベット文字で書かれたもので、読むとめくって右隣に重ねていた。仏像の前にお布施を置くお盆が置いてあり、各自一ドルばかりを寄進した。

本堂の前にガラス窓で中が見える建物があった。小学生ぐらいの男の子たち二〇名ぐらいが座卓に置いた経典を読誦していた。八歳ぐらいから入門し二五歳ぐらいまで修行して僧侶になるらしい。その一番下の八歳ぐらいから一二歳ぐらいの子供たちのようである。大人の僧侶や年長の修行僧が本堂で読経していて、彼等は自習の時間のようで隣同士でふざけあっている子供も何人かいた。それどころか近所の女の子がやってきて、開いている扉から少年僧の名前を呼び、ちょっかいを掛けていた。

私はその姿を見て、予てから抱いていた疑問が頭をもたげた。仏教でもキリスト教でも人生の悩み、苦悩、つまり誰にでも訪れる生、老、病、死などに直面し信心の世界に入ることは理解できる。しかし八歳ぐらいから社会から離れて僧院の中で一生、経典の読経の暮らしをしていて、どうして悟りを開いたり他の人の悩みに答えることなどができるのだろうか。ブータンのお寺は檀家制度もなく民衆の中で布教活動をするわけでもない。ひたすら自分が悟りを得るために修行するのである。その生活費は信者からの寄進と政府公認寺の場合は政府からの補助金で賄われている。

「少年僧を含めてどれぐらいの数の僧侶がいるのか」と聞くと「七万人ぐらい」とのことであった。国の総人口が約七〇万人余りであるから、単純化して言えば国民の十人に一人が僧侶ということになる。大半の僧侶は生涯をお寺の中で暮らす。一部例外的な宗派では妻帯し、寺を離れ、村人の中で農業などをやって暮らしながら村の世話役的なことを行っている僧侶もいるそうだが、時間の関係上、それ以上詳しい話は聞けなかった。

ブナカ・ゾン

続いてブナカ・ゾンを訪ねた。先のタシチョ・ゾンと同様に一七世紀の初頭に建設されたもので規模も同等であった。こちらは二つの川が合流する▽形の場に建てられていて、まさに天然の地の利を得た場にあった。川に掛けられた屋根つきの橋を渡り、そこから直登するような階段を登ると、周囲を三階建てで内側に廊下のあるしっかりした木造の建物が囲っていた。大きな塔のような立派な建物が真ん中と奥に立っていた。表示を見ると囲んでいる建物の中に教育や観光等の役所の各部署があった。男性だけではなく、ここで働いているらしい女性が出入りしていた。しかし地元の住民らしい人の出入りはほとんどなく、閑散とした感じであった。ここはプナカ県の役所として使われていて、全国の他の県庁もほぼ同じように昔の城塞が役所と宗教施設として使われているとのことであった。

ガイドは熱心なチベット仏教の信者であると同時に私たちが仏教関係者であると知って、飾ってある曼荼羅や仏像の説明に関しては熱心過ぎるぐらいだが、建物についての説明は簡単なもので、その構造や工法の特徴についてはほとんど分からなかった。人影の少ない建物であったが、広場で二〇～三〇歳ぐらいの男女が長い時間、踊りの練習をしていた。聞くと、近く開催されるお祭りで行われる踊りの練習をしているようで、そのために広場を借りているとのことであった。近くを若い僧侶が通っていた。村の若い男女が祭りの踊りの練習しているのを見てどう感じているのだろうかと思った。

奥に進むと僧侶がいた。そこがお寺として使用されている場所なのだ。建物の中に入り階段を登ると大きな仏像が安置された講堂があった。先のティンプーのゾンと同じ構造である。この城塞を歩いていたときに改めて気がついたのであるが、歩いている人の大多数が民族衣装を着ていた。衣装は動きやすくするために、丈がひざ下ぐらいの長さで、ラオスの民族衣装とよく似ている。ガイドの人達も皆さん民族衣装を身に付けていた。賛同半分、質問半分で「皆さん良く、民族衣装を着ておられます。いいことですね」と言ったが、私が「ラオスの着物とよく似ています」と言ったことから「ラオスもそうですか」と言うだけであった。ところが別の機会に知ったことであるが、ブータンでは公務員をはじめ働いているときは民族服を着るように政府から指示されているとのことであった。日本の着物などは私的なときに着ているが、その逆だったのである。だから飛行場の入国審査官も民族衣装を着ていたのだ。

その後、市内のレストランで昼食をとり、再び国道一号線を使ってティンプーに戻る。たどり着いたときはすっかり夜になっていた。朝出てきたときは五時半だったので真っ暗だったが。坂道を下り始めると町の灯が見えてきた。川を挟んだ谷筋の坂に広がる町なので灯が立体的に広がり、思いのほか美しい夜景が広がっていた。

夕食はホテルではなく街中にあるブータン料理店で食べた。ここで初めて日本人に出合った。一人は六〇歳過ぎの男性で、どういうわけかわからないが一人でブータン旅行に来たようで、ガイドと明日の行程の打ち合わせをしていて「明日は雨模様で、峠に行っても何も見えないので止めておこう」などと話し合っていた。もう一組は男女四人組で、地元に在住して仕事をしている日本人たちであった。

今回の旅は「仏教タイムス」が企画し、私以外は僧侶を含む仏教関係者であった。そのため私は行程中もそうであるが、夜、ホテルの部屋などで仏教について色々質問した。

私の質問の中心は「結局のところ仏教の中心命題は何でしょうか」ということである。「世間では、信仰することによって、現世御利益を願うことと、死後極楽へ行けることの二つのように言われていますが、釈迦の教えでは、その二つとも説いていません。どうなのでしょうか」というものである。

現在のネパール南部で確立した釈迦の教えは、その後、チベット、中国、韓国、日本へ、またタイをはじめとする東南アジアなどに広がった。それぞれの地域で土着の宗教と交わりながら、その社会に適合した内容に変貌していき、現在アジア各地にある仏教諸派の教えは釈迦が説いたものと大きく違うことは知っている。しかし仏教と名乗る限り、根本命題、中心的教えにおいて共通するものは何なのかというのが私の質問なのである。

それぞれの人から説明を受けたが、残念ながら私は得心には至らなかった。

私が高校に入学したとき、キリスト教の教団が校門付近で聖書を配っていた。それ以来、機会がある度に聖書やコーラン、仏教経典を何冊か読んできた。しかし聖書やコーランは私には陳腐な古い物語にしか読めず、凡そ信仰心等を抱かせなかった。それに対して仏教関係の本の方がどちらかと言うと哲学的な書物であると感じてきた。しかし「般若心経」をはじめとする仏教の代表的な経典を読んでも「お釈迦さまのありがたい教え」というのが何を指しているのか分からなかった。

それは結局、私の読み方が理屈を求める読み方であり、信仰的読み方ではないからと思っている。残念ながら私には信仰的読み方はできない。私は人生ならびにこの世のことについて、全て科学で解き明かすことができるなどとは思っていない。そのような中で、多くの人々が、社会とかかわった人生の苦悩について、宗教心で接し、信仰に至ることもありうると思っているし、その思いや行動を尊重してきた。しかし自分自身については今のところそのような心境には至っていない。この難問についてはもう少し詳しく展開しないとだめだと思うが、ここではこれ以上書くことは止めておく。

チャガンカ寺院、尼寺、国立動物園、バロ・ゾン、国立博物館、農家訪問（一二月一六日）

朝から小雨模様であった。最初に街中の小高い丘の上にある寺院を訪ねた。この寺はティンプーの守護の寺で、子供の成長に霊験があると信じられているそうである。小雨の中を傘をさして階段状の参道を登りお寺に着いた。この寺で初めて信者の親子に出合った。日本からの五名だけではなく、その親子四人も五体投地を行った。私だけが柱の隅に立って見ているわけにはいかないので、五体投地の真似事をした。これ以来「郷に入れば郷に従う」で、私も寺の中で皆さんと一緒に五体投地を行った。チベットのお寺を訪ねたときはたくさんの信者が五体投地を行っていたが、その横で大勢の観光客が、その姿をカメラに収めたりしていた。だから私が同じように「見物客」的に振る舞っていても奇異ではなかった。しかしブータンでは修行している僧侶と、数少ない信者が、その僧侶等に対して五体投地を行っており、観光客は我々だけ、しかも私以外の四人は坊主頭の僧侶などで同じように五体投地を行ってその場に溶け込んでいる。そのとき、私だけがいかにも観光客のように立って見ているというのは良くないと思ったのである。

続いて尼寺を訪ねた。本堂の前にはカラフルな少女用のサンダルが何足も並べられていた。中に入ると中年の尼僧一〇人ぐらいとともに少女僧が二〇名ぐらいいた。雰囲気は先の子宝寺と同じ雰囲気であった。改めて、このような年端もいかない少女が出家し、一生お寺で暮らすことについて疑問を持った。

続いて国立動物園を覗いた。しかしそこにいた動物は鹿とブータン、ネパール、チベットの山岳地域にいるイノシシのような動物（ブータン語で言われたので、名前が良くわからない）だけであった。なぜかと聞くと、仏教の考えから動物を金網の中に閉じ込めるのは良くないということで、一九八〇年代半ばに収容していた虎や豹を含めてすべての動物を自然界に返したそうである。鹿とその動物を収容している理由は、山から下りてきて生ゴミをあさっていたのを捕獲して、ここに置いているとのことである。

ブータンに限らず世界的に動物園の在り方を巡っては議論がある。「人間の都合で動物を本来の自然から切り離し金網の中に閉じ込めるべきではない」「多様な動物を保護するためにも、人間が様々な動物を見られるようにするためにも動物園は必要である」を巡っての議論である。

その後、車で飛行場のあるパロへ移動した。最初に国立博物館を訪ねた。元々はパロ・ゾン（城塞）の見張り塔であった建物を使っていたが地震で崩れたので、その少し上に博物館独自の建物が作られたそうである。元の見張り塔は現在修復工事が行われていた。

聞くと、貴重な歴史的建造物が地震と火事で何回も倒壊や焼失に会っているが、そのたびに元の形に復元復興しているそうである。インド大陸がユーラシア大陸にぶつかり持ち上がったのがヒマラヤ山脈である。そのためブータン、ネパールは地震が多い。室内にしつらえたかまどの不始末や、蝋燭や油を使った灯明が倒れたりして火事を起こしている。車で移動中も複数の家が全焼したまま放置されていた。

博物館の展示物は、かつては王家所有の武器が中心だったそうであるが、今では伝統仮面劇のお面や、雪ヒョウの毛皮なども展示されていたが、展示物の種類も数も極めて少なく、およそ国立博物館と言える代物ではなかった。

続いてパロ・ゾンを見学した。ティープ・ゾンならびにプナカ・ゾンと同じ構造で、それよりも小型であった。特段記すこともないので省略する。

続いて地元の「農家訪問」ということで、とある農家に案内された。建物の大きさや構造から明らかに由緒ある農家なのであろう。すぐに二階の仏間に案内された。立派な仏像が置かれた部屋であった。隣には法事に訪ねてきた親類などを泊めるための部屋らしいものが二部屋ばかりあった。三〇〇年程前からの建物だそうで、明らかに普通の農民の家ではなく、この地域の豪農の家だったのであろう。ガイドは仏間や仏像、「法事」について色々説明したが、その家がどのように暮らしているか等については話さなかった。奥さんらしい人がでてきて仏間の隣の部屋でお茶とひえの実を乾燥させたような「お菓子」を出したが、なにもしゃべらなかったし、ガイドも質問させなかった。

家の壁や板は痛んでいてあちこち崩れたりしていた。中国をはじめアジアの農村を何回も訪ねたことがある私の推測では、かつては豪農であったが、経済の市場化について行けないで落ちぶれ、観光会社からいくらかの謝礼をもらって家の中を見せているのだろう。

一六日のホテルは、バロの街中より少し登った丘の斜面にあるマンダラ・リゾートと言われるホテルで、昨日までのホテルと打って変わった「高級感」あふれるリゾートホテルであった。食事の前に伴奏つきの仮面劇舞踏が演じられた。

タクツアン僧院訪問（一二月一七日）

ブータンに仏教を広めたと伝えられるパトマサンハバが八世紀にバロの渓谷にある五〇〇mを超える断崖絶壁で瞑想した穴がある。その後、彼の弟子たちもそこで瞑想した。その瞑想場に第四代デシ（摂政）テンジン・ラゲが一六四四年に建てた僧院がタクツアン僧院である。一九九八年に不審火で全焼し二〇〇四年に再建が完了した。午前七時にホテルを出た。

ただ私達六名の内、立正佼成会の人は仕事の関係で、この一七日から帰国せざるを得なかったことと、東京のお寺の事務局の方が多少足に障害を持っておられ登りに三時間を要する参拝は断念されたので、ガイドの案内で四人で行くことにした。

タクツアン僧院はチベット仏教の聖地で、ブータンにとどまらずインド、ネパール、チベットからもたくさんの信者が参拝にやって来ていた。車が入れる最後の登山口から岸壁にへばりついた寺が見えるが、どうして建設できたのか、そこへどうして登れるのかは下から見ても分からない。

八時から登り始めた。山歩きに慣れた人で約一時間ぐらいで第一展望台（レストハウスがあり、お茶や簡単な食事を出している）に着く。ここまでは京都の愛宕山の登山道のような道で、お金を払えば牧民の馬で登らせてくれる。しかし急な山道であり、牧民が手綱を持っているとはいえ、乗馬に慣れていない人には必ずしも安全ではない。実際、私たちの横を中国人グループ八名が馬で登っていたが、水飲み場で馬が動いたとき、鞍が動き落馬した。幸い尻もち程度で済んだが、谷へ落ちていたら大変なことになる。

第二展望台からさらに四〇分ばかり登ると、目の前に、深い岸壁、垂直の標高差五〇〇mぐらいの目もくらむような深い谷があり、向かい側の崖にへばりついたようなお寺の建物が見える。谷は向かいにお寺が見える入口付近で幅一五〇mぐらいで、一番奥は五〇mぐらいになっているV字型の谷である。下からは見えなかったが、降り口から、そのV字型の手前の岸壁に階段が作られ谷底へ降りて行く。谷底の左側に真上から垂直に滝が落下している。右側の岸壁をよじ登ったところに僧堂があった。岸壁に作られた修行のためのお寺であ

タクツアン僧院

るが、いわゆる「女人禁制」ではなく、欧米人、インド人、中国人をはじめ、登っている人の四分の一ぐらいは女性であった。

滝のところから対岸の岸壁にへばりついて付けられた階段を登ると、先ほど向かいに見えた寺にたどり着いた。ただここは写真撮影禁止で、入り口に警察官がいて身体検査の上、カメラも携帯も預けさせられたので写真は撮れなかった。

パトマサンハバならびにその弟子たちが籠って瞑想したとされる洞窟の前に建てられた僧堂を訪れた。内部は想像していたより大きな建物であった。建物の中に洞窟の入り口があったが、そこには鍵付きの金属製の扉があった。年一回政府の役人が来て鍵を外し扉を開け、高僧がその中に入るそうである。その建物の上にもう一つの建物があったが、その建物の真ん中に柵で囲われた縦穴があった。その竪穴から下の横穴が見えた。訪れていた信者たちがその穴にお布施のお金を投げ入れていた。

いくつかの僧堂があったが、その中にはここに住んでいる雰囲気の女性の姿も見られた。僧侶の世話している人なのか、僧侶の妻なのかは分からなかった。チベット仏教の中には妻帯を認めている宗派もあるようで、その妻帯の僧侶が、このお寺に泊まり込みで修行するために妻を連れてきたのかは分からなかった。

それにしても、よくもまあこんなところに建物を建てたものだ。

もう一度岸壁の階段を下り、谷底から登り第二展望台に戻ったところで昼食を取る。結局、昼食休憩を覗いて正味五時間（登り三時間、下り二時間）の参拝登山であった。ただ外国から来た観光客の中には、「お寺参り」と思ってやってきたが、その厳しさから途中で断念する人や、「泣き出す人」もいた。我々四人のうち二人の僧侶は永平寺での山籠もりの修行経験者で、一人はスキーの一級、もう一人はスキューバーダイビングの現役の人で、現地のガイドのペースで登ったり歩いたりしていた。もう一人の仏教タイムズの記者が一番しんどそうであったが何とか一緒に行動できた。

パロの町に着いたときには三時を回っていて、土産物店を覗き、買い物をするだけでこの日の行程は終えた。

夕食前に「ブータン式サウナ」と言われる風呂に入ることにした。ホテルの外に専用の建物があった。建物の外側に「風呂焚き」の男がいて、木材を燃やしている。聞くと、火で石を熱している。それを浴室の中の水槽に放りこむようである。私たちはその水蒸気によるサウナかなと思って入っていった。脱衣室には暖房がなく寒さを我慢して浴室に入る。二〇畳ぐらいの広い浴室の回りをベンチが囲んでいて、真ん中に二畳ぐらいの「浴槽」があった。その浴槽の隅が囲われていて外へ繋がるようなブリキの筒があった。浴室は寒くて、凡そサウナという状況ではなかった。浴槽に手を入れると普通の風呂の温度よりは少しぬるいが浴室にいるよりはましなので、そこに入り浸かった。するとガラガラという大きな音がすると外からブリキの筒を通じて灼熱の石が放りこまれ「ジュン」と水がはじける音がした。しかし凡そ、その程度のことで室内がサウナ状態になることはなく、室内は寒いままであった。それどころか放りこまれた灼熱の石が、遮断してある板を壊して体に当たるのではないかと心配だった。しかし「浴槽」を出ると寒くて居れない。結局二人は退散した。私ともう一人は、ぬるま湯の浴槽の中で一時間ばかり浸っていて何とか体が温まった段階で退室した。

後で聞くと、サウナではなくブータン式のお風呂で、ふろ釜などを作れなかったブータンの山村で、木製の浴槽の四分の一ぐらいを遮断し、そこに熱した石を入れて水を温め浸かっているそうである。集落に一カ所ぐらいそうした「風呂」があり、月一〜二回ぐらい入れたら幸せだそうだ。そのブータン式の風呂を外国人向けに「ブータン式サウナ」と銘打って売り出しているらしい。

ガイドは近くの別の宿泊施設に泊まっていたが、私たちの夕食のときに、ホテルにやってきたときはジーパンとダウンを着てきた。この間、寒かったが、民族衣装の下部は膝上ぐらいなので「寒いでしょう」と言うと、「いや寒さに強いですから。他の人は下に長ソックスを履いている人もいますが、不細工ですから履かないことにしています」という返事だった。しかし、この三日間の寒さで風邪を引いたようだ。それで勤務時間を終え私的時間になったので私服に替えたのだった。初めて私服の姿を見たが若かった。「何歳ですか」と聞くと三六歳だった。民族衣装を着ていたときは四〇代後半に見えていた。

ブータンの事情

最初に書いたように、ブータンはインドとチベットに挟まれた山国で、面積は九州程度、人口は七〇万人余りの小国で、アジア最貧国の一つである。そのために日本人の関心も低く、訪ねた人も極めて限定されていた。

ところが二〇一一年にブータンの若き国王とその妃が新婚旅行を兼ねて日本にやってきた。若く、上品で、知的な雰囲気を漂わせている様、そして国王の「国民総幸福量（GNH）は世界一の国である」との発言等がマスコミ上で連日、好意的に取り上げられ日本国民の関心をよんだ。つまり経済指標だけで先進国、中進国、発展途上国と規定しているが、格差社会が広がり、必ずしも人々が幸せでない我が国の事情から「国民総幸福量（GNH）世界一」という発言は国民に共感を抱かせる報道であった。今回、私がブータンを訪ねた目的の一つは、「幸せの国」とは、どういうことなのかを、この目で確かめることであった。

「幸せの国」

この「国民総幸福量」という言葉が最初に使われたのは、先代の国王が一九七九年に第六回非同盟諸国会議に参加しインドのボンベイを経由して帰国した。そのとき、飛行場でインド人記者から「我々は貴国の事を良く知らない。国王はブータンの将来目標をどのように設定されていますか」（つまり国民一人当たりの年間所得を、どの程度の国にしようとしているのか）と質問された。

農業と遊牧以外にこれといった産業もない、アジアの最貧国であるブータンの国王がまともに答えられる質問ではなかった。そこで国王は新聞記者に対して煙に巻くことを含めて「ブータンは国民が幸せを感じる国を目指している」との主旨の発言を行った。このときの発言は全く注目を集めることはなかった。

その後、国民が、自分達を幸福と感じているかどうかの国際アンケートが行われた。①家族みんなが仲良く暮らしていて幸せを感じているか。日本で言えば、不登校の子供を抱えていたり、父親がリストラに会ったりしていて×をつける人が多い。山国の閉鎖された社会で家族労働によって成り立っているブータンの家族・社会では「家族皆仲良く暮らしていて、○」と答える。②「隣近近所の人は助けあって幸せに暮らしていますか」の質問に対して、日本では隣の人が何をしているのか知らないので×をつける。それに対してブータンでは、村の人は、田植えなどを協力して行う暮らしをしているので「幸せである」と答える。

ブータン国民の識字率は五〇％前後である。そのためこのアンケートは僧侶と公務員によって行われている。こうしたアンケートでブータンは「国民の幸せ度、世界一」の国となったのである。GDPだけを基準にして観るのも問題であるが、幸せを感じているかどうかだけで国際比較をするのも難しい。

ブータンはつい最近まで閉鎖された山国の農業国であった。そして国民の識字率は五〇％を少し超えた国である。そのような国で国民が他国と比較して、自分達が幸せかどうかなどを考えること自体が難しい。これは国王の「あるべき国家像」を示す言葉であって国民に定着している認識とは考えられない。しかしその閉鎖された農業社会が急速に変わりつつある。一〇年ほど前から外国人観光客の入国が認められ、かつての数千名規模の観光客が、今では十数万名規模で来訪し、それに伴って観光業、商業が盛んとなり、国際空港があるパロや首都のティンプー、その隣のプナカなどのブータンの西側地域ではインターネット、携帯電話、スマホ、車が普及し、外の世界への認識が高まるとともに、格差社会も現れている。二〇二〇年に向けて東西道路（国道一号線）の舗装が完成すれば、中部地域、東部地域も、今後十年で大きく変わるだろう。

教育事情

ブータンでは小学校をはじめ学校教育は英語で行われている。そのため日本人などは「さすが観光立国、日本より優れている」と思ったりする。しかしブータンは小学校も義務化していない国であり、成人国民の識字率も五〇%前後の国である。その国で小学校を含めて英語で教育しているのはブータン社会の社会的・歴史的事情がある。

ブータンは山の国である。チベットと接する北側を東西に七〇〇〇～八〇〇〇m級のヒマラヤ山脈が走っている。そこからインドの国境へ南北に三〇〇〇～四〇〇〇m級の何本もの山脈が南北に連なっている。山と山の間を深い谷川が流れている。そのため谷ごとに言語・文化が異なり、少なく見積もっても二〇の言語がある。近代教育が始まる一九六〇年代までのブータンでの唯一の教育機関はチベット仏教のお寺であった。そこで学ぶ経典は全て古いチベット語であり日常に使われている言葉とは違う。日本の僧侶が漢文で書かれた仏典を読み書きしてきたのと同じである。

現在ブータン語と言われているゾンカ語は首都がある西ブータンを中心に使われているチベット語を源流とする言葉で、国民の三分の一程度しか使われていない。そのためゾンガ語（以下、ブータン語）で教育をしても七〇％の人には分からない。またチベット語で書かれた本はあってもブータン語で書かれた本も教科書もなかった。ブータンの隣のネパール、インド、パキスタンはイギリスの植民地であったので公用語は英語であり、英語でかれた小学校の教科書もあった。そこで一九六〇年代から始まった近代教育としての小学校では英語で教育し、教科書はインドから取り寄せた。それどころかインド人を教師として招いた。国民は日常生活はそれぞれの地方の言葉で行い、学校教育は英語で受けている。それではブータン人としてのアイデンティティーの形成が難しく、政府はブータン語の普及に努めようとしている。そうすると国民は三言語を身に付けなければならない。しかしブータンで使われている二〇余りの言葉の内、文字があるのはネパール語とチベット語を下にしたゾンカ語だけであり、他の言葉には文字がないので、今後難しい問題を抱えている。

国際関係

ブータンは歴史的には北側にあるチベットの大きな影響を受けてきた国である。宗教はチベットから伝わったチベット仏教であり、仏典は現在も古いチベット語で書かれたものである。そしてチベットで政争がある度に敗北した方がブータンにやってきて政治の中心勢力となってきた。過去のチベットを現在のチベットから考えるのは無理がある。現在のチベットは「中国」内に閉じ込められた社会である。しかし過去のチベットは高原遊牧民によって打ち立てられ、農耕民族である漢民族の中国とは別の国であった。現在の中国の青海省、雲南省、甘粛省の東部も実効支配していた巨大な国家であったし、農耕民族である漢民族が打ち立てた国家に対しては永い間軍事的に優位に立っていた。

ところが同じ遊牧民でチベット仏教の信者であった中国東北地方出身の満州族が打ち立てた清国によってチベットはその支配下に置かれて行った。それでもブータンはチベットの大きな影響のもとにあった。しかし決定的転換となったのは漢民族の国である中華人民共和国によってチベットが蹂躙され、チベット仏教世界の最高の指導者であったダライラマがチベットから亡命しインド領内において亡命政権を打ち立てたこと。ならびにインドと中国の間でカシミールの領有権を巡って戦争となった。そこでブータンは中国との関係性を断ち切り今に至るも国交を断絶し、インド世界との交流を中心とするようになった。しかしそのことによってインド経済圏の枠内に入り込む危険がでてきており、今後どのようにインドからも中国からも独立した社会・国家として生きていくのかという難しい問題に直面している。

バンコック経由で帰国（一二月一九日）

帰国の途についた。一八日、パロ発一一時三五分発のKB-一二〇に搭乗しバンコックに一五時二五分に到着。バンコック発成田行きの便は二三時三五分である。約七時間の差があった。旅行社の計画ではバンコック市内見学となっていて、旅行社が契約しているガイドが迎えに来た。しかしバンコックの交通事情は厳しく、この時間帯に市内に移動すれば一時間半はかかり、お寺などの見学は門限上（大概は五時）無理である。ショーが開催されるレストランに行けば、飛行場に搭乗二時間前には着けない。結局バンコック市内の鍋料理店で夕食を取り飛行場にUターンすることになった。

バンコック発二二時三五分の夜行便のTG六四〇に搭乗し成田に午前六時一五分に着いた。その後、荷物を自宅へ宅急便で送る手続きをして国内線ターミナルへ移動し、成田八時二〇分発GK二〇三で　午前九時五〇分関空に着いた。しかし「はるか」の便が悪く、普通列車で移動。そのため梅田に昼前に着いたので、そこで昼食を取り、帰宅したのは午後二時過ぎであった。

もう一度ブータンを訪ねることはほぼないだろう。行くとすればネパールほど開発が進んでいないヒマラヤトレッキングに出かけることになるだろう。

三　スーチーさんの選挙中のミャンマーへ

はじめに

二〇一五年一〇月三〇日から一一月五日にかけてミャンマーに出かけた。

ミャンマーは二〇〇四年のインド洋大津波のときに救援支援活動を行った国・地域の一つである。そのとき、インドネシア、スリランカ、そしてミャンマーに対して学校再建の支援活動を行った。インドネシアとスリランカは小学校再建支援活動を行った。その際、地元の業者、地元の建材、地元の労働者を使うことを条件にして進めた。

東京のミャンマー大使館も訪ねた。当時も「形式上」は、国交断絶はしていなかったが、軍事独裁政権であったので、日本は事実上国交を断絶していた。大使館には軍人だけがいて話が通じなかった。そこでユネスコを通じて被災地の村に図書館を寄付することにした。ただどうしたことか、どこの県のどこの村だったか記憶が定かでない。それでもいつの日か民政に移管すれば訪ねようと思っていた。「民政移管」後、急速に変わりつつあるミャンマーを訪ねてみたいと考えていた。たまたま友人の黒川美富子さん兄妹がミャンマーに行く旅を計画したので、それに便乗することにした。

今回の旅行は旅行社が行う「ミャンマーの仏教遺跡を訪ねる旅」である。しかし「現地に立たなければ見えないことがある」との思いで参加することにした。黒川さんたちはいつも、旅行社のツアーを活用しながらもグループ単独の旅行とし、旅行社の企画をベースにしながら、行先から想定される農家訪問などをできる限り組み入れてもらうことにしてきた。そのため旅行社が決めている最低催行人員の一〇名を集めなければならなかった。しかし「ミャンマーは軍事政権」というイメージもあり、なかなか一〇名が集まらなかったが、旅行社に「添乗員なし」という条件で、八名で了解してもらい、何とか実行に移すことができた。結果的には時あたかもミャンマーの総選挙の真最中の訪問となった。

ミャンマーは面積で日本の一・八倍、人口は約六五〇〇万人、民族構成はビルマ族が約七〇％と多数を占めているが、政府の発表によると一三五の民族がいる多民族国家である。宗教は国民の八五％が仏教徒（南方上座部仏教）であるが、華人には大乗仏教徒もいる。インドに隣接していてヒンズー教、イギリスの植民地であったこともありキリスト教、そのほかイスラム教など多宗教が存在している。

国名は、以前はビルマ族が多数を占めていることもあってビルマと言っていたが、一九八九年に全民族という意味の言葉であるミャンマーという国名に変更された。

参加者は黒川壽満夫（団長）、黒川美富子（事務局長）、黒川治子、菅原希、為仁史、多田真人、

南敏夫、鈴木元。黒川美富子さんと私が現役で、他の方は年金生活者である。

ヤンゴンへ（一〇月三〇日）

五時に起床し、五時四〇分に自宅を出て、六時二二分京都発の「はるか」に乗り、関西空港一〇時三〇分発のベトナム航空のVN三三一に乗り、ハノイ経由で向かった。

ハノイに現地時間で二時半に到着（日本時間と約二時間の時差）。ターミナルビルは近年に新築された綺麗で大きなものになっていた。ハノイをVN九五七で一六時四〇分に経ち、ミャンマーのヤンゴンに一九時一〇分に到着した。

渋滞のなか、時間ばかりかかってレストラン（Hause of Memories）に二〇時過ぎに着いた。このレストランはアウンサンスーチー氏のお父さんであるアウンサン将軍が事務所として使っていたものをレストランに改装したもので、将軍の執務室を記念に残していた。泊りはセントラルホテル。

バカン遺跡（一〇月三一日）

三時三〇分に起床し四時半にホテルを出て、六時五分ヤンゴン発七Y一二一に乗り七時五分にNHKの特集番組でも取り上げられた世界三大仏教遺跡の一つであるバカンに着いた。三大仏教遺跡とはカンボジアのアンコールワット、インドネシアのボロブトゥール遺跡、そしてミャンマーのバカン遺跡である。

NHKの特集では一一～一三世紀につくられた仏教遺跡群があると同時に、その建設を通じて社会的富の再分配が行われ、安定した社会が作られていたと報じていた。

行ってみると、そこにはNHKの報道映像が映し出していたとおり、数えきれないレンガ造りの仏塔と寺院の遺跡が広大に広がっていた。約四〇〇〇棟の仏塔と寺院が作られていたのであろうと推測されている。その後一〇〇〇年を越える歴史の中で風雨や地震によって崩壊したり、人間の手で破壊されたりしたが、今でも約三〇〇〇棟の仏塔と寺院建築が残っているそうである。

チャーターしたマイクロバスで回りながら、現在も宗教活動が行われている大きな寺院を四つ訪ねた。金箔で装飾された高さ六四mのシュエズィーゴォン・パヤーをはじめ、その巨大な建築に圧倒された。日本の平安時代にこれだけの巨大な建築物を建設できた当時の技術と富の蓄積のすごさは、訪ねて中に入り、その回廊を回る体験をして改めて「百聞は一見に如かず」との思いを持った。アーチ形の天井や壁画を見てインドの影響を強く受けていることが分かった。参拝に来ているミャンマーの人々は、仏像の前でひざまずき、お祈りをしているが、その姿を見ていると形式的な参拝ではなく本当に信仰心を現わしていると思い、この国では仏教が生活の中に根付いているのだと思った。

もう一つ、NHKの番組で解説していたことは、その社会システムであった。八五〇年にビルマ族がバカンを築城し、ビンビャー王朝を打ち立てた。一一世紀を迎え王朝は最盛期を迎えた。

王たちは仏教に帰依すると同時にその普及に努め、巨大な寺院や仏塔を作った。それはエジプトのピラミッドと同様に、ある種の公共事業であり、税を国民に還元する方策でもあった。

しかし王達が作ったと思われる建築物は三〇数個で、他は建築物の中に残されている氏名などから一般庶民が作ったものと推測されるそうである。王たちの寺院を請けおった建築業者は、その富を寄進して中型の寺院や仏塔を作った。それらの建設に従事した庶民が村や集落単位でお金を出し合って小規模な寺院や仏塔を作った。こうして仏教に基づく争いのない社会、社会還元システムを作ることによって三〇〇年近い平和が続き繁栄した。しかし世界史的に見た場合、海を含めて外の世界と結びついていない国や地域が巨大な国家をつくりあげた例がなく、ジャングルの中で発見されたカンボジアのアンコールワット遺跡やこのミャンマーのバガンの規模は不思議でさえあった。しかし、国際的な共同研究が進む中で、実はアンコールワットもバガンも、そこを起点に四方八方に世界に通じる交易ルートがあったことが近年解明されつつある。

ところで、この類まれな社会が崩壊した理由は何なのであろうか。直接的にはモンゴル人が作った元が一二八七年に侵入しバガン王朝を滅ぼした。社会の構造変化・崩壊は内部的な矛盾の進行と、それに対する闘いだけではなく、外部からの侵略をはじめとした巨大な外部的変化も大きな要因となるのである。

インパール作戦と独立闘争

もう一つ日本人として忘れてならないことは、日本軍による侵略である。第二次世界大戦中、日本軍はイギリスの植民地であったビルマ（ミャンマー）にも侵攻した。それどころか、そこから同じくイギリスの植民地であったインドのインパールへも攻め込もうとして、無謀なインパール作戦を行い壊滅的敗北に直面した。敗走してきた日本軍は、この地域でもイギリス軍に追いつめられて闘い、多数の戦死者を出すとともに戦闘によって村々を破壊してしまうことになった。

なぜ日本軍はイギリス領ビルマまで侵攻したのであろうか。当時、日本は中国との長い闘いに苦戦していた。それに対してアメリカやイギリスは、インド洋からビルマそして中国の雲南省へと通じる「援蒋ルート」と言われる物資支援の輸送ルートを作っていた。日本軍は、これを遮断するためにビルマまで侵攻したのである。日本軍は戦争を継続するために必要な兵站基地も補給ルートも確保せず、「現地調達主義」＝現地略奪主義によって現地住民の収穫物などを奪いながら侵攻したのである。

アウンサンスーチー氏のお父さんであるアウンサン将軍は、当初日本が掲げる「イギリスからの独立」という「主張」に賛同して独立義勇軍を結成した。しかし日本軍は一九四二年独立義勇軍の解散を命令した。アウンサンと、ネ・ウィンたちは、ヤカイン（アラカン）地方を手始めに抗日戦の準備を始めた。そして一九四五年三月、全国的蜂起を組織しビルマの独立を決定づけた。一九四七年にアウンサン将軍等九名が暗殺されたが、一九四八年にイギリスからの独立を実現しネ・ウィンが首相となった。

その後さまざまな政治的経緯を経て、ミャンマーはつい最近まで軍政の独裁制が続き、アウンサンスーチーさんの幽閉をはじめとする民主主義を抑圧した政治体制を築いていた。そのため一九九七年以来、アメリカや日本は貿易や投資を制限してきた。そこに中国が入り込み、水力発電や道路、鉄道などの建設をODAで進めて来た。中国にとっては相手が独裁国家で民主主義が脅かされているかどうかは問題ではなく、中国の国益にとって重要かどうかが判断基準となる。ミャンマーの豊富な鉱物資源も重要な判断基準であるが、直接インド洋等に出られるルートの確保が最重要課題である。現在中国は「南シナ海の島々は中国の領土である」と主張し、埋め立てなどによって実効支配を強め、関係各国と紛争を作り出している。それと並行して雲南省からミャンマーに入りインド洋に抜けるルートを確保しようとしてきたのである。

ところがミャンマーにおける民主化運動の高まりの中で、軍人主体の政権ではあるが軍政から民政へ移管し始めている。その動きに呼応して二〇一二年五月以来、アメリカをはじめとする先進国もミャンマーに対する「経済封鎖」を解いてきた。そして二〇一二年以来、外国人の入国も大幅に改善されることになった。ただしビザの取得は必要である。

こうした中でミャンマー政府は、従来の中国一辺倒であった外交経済政策も修正し、中国側に近いところに建設が予定されていた水力発電所の建設計画を中止したり、今後の動向が注目されている。

この日の泊りはバカンのズ・フリティーホテル。

シュエサンドー・パヤー寺院とタビィニュー寺院（一月一日）

早朝、シュエサンドー・パヤー寺院に登り夜明けを見る予定であったが、あいにく雨が降っていた。暗い中、雨降りの下、急な階段を登るのは危険だったので取りやめた。しかしせっかく起きて出かける準備をしたので、近代的な観光用の展望塔（エレベータ設置の一一階建て）に行った。これは良かった。小雨が降っており、雨雲が空を覆っていたが、時がたつにつれて次第に夜が白んできて三六〇度周りの景色が見え始めて来た。

ＮＨＫ放映画面と同じようなバカンの全域を見渡すことができた。改めてその規模と建造物のすごさを実感した。この遺跡群がある地域は通称オールド・バカンと言われているそうであるが、いったいどれぐらいの面積があるのだろうか。

霧雨に煙るバカン遺跡、視界の限り仏塔が建つ

ホテルに戻り朝食を済ませたあと市場に出かけた。「その国がわかるためには農村に行かなけ

ればならない、庶民の生活を見なければならない」というのが私の信条で、仕事で行く場合でも、観光で行く場合でも可能な限り、そうしたスケジュールを入れてもらうようにしている。黒川さん兄妹も同じ考えなので、今回もそうしたスケジュールとしてバガンの市場を訪ねた。

雨上がりなので幅二mぐらいの地道は泥道と化していて水たまりも広がっていた。路地に面して多くの場合は一坪、時には畳一畳ぐらいの店、大半が地べたに敷いた木の板の上に商品を並べて所狭しと立ち、野菜、魚、豚肉、鶏肉、果物、生花、お米、油、豆類、雑貨、衣服の店が無数に広がっている。なかにはガスボンベの入れ替え、ペットボトルに入れた石油、そして傘の修繕など文字通りありとあらゆる店が並んでいる。屈託なくたくましいアジアの熱気が感じられる。欧米や日本などの店は清潔で綺麗だが、もはやこの活気はない。

雨も止んだので、市場見学の後、早朝に登る予定であったシュエサンドー・パヤー寺院を訪ねた。四角形のピラミッド型の台座の上に仏塔が立っている。そのピラミッド型の台座（高さ二五mぐらいの）部分の四辺の真中が直線の階段になっていて登れるようになっている（斜度は三五度ぐらい）。手すりはついているが、降りるときの最初には高度を感じさせる。そこに登った。ぐるりと一周回ると先ほどの展望台とはまた違った雰囲気を楽しめた。

それから一一四四年に創建されたバガンで一番高い六五mのタビィニュー寺院を訪ねた。四辺の一階には、それぞれ金で覆われた九mぐらいの仏像が鎮座していた。

インパール作戦犠牲者を弔う

ガイドの話で、タビィニュー寺院の前の小さな僧院には、この地域で亡くなった日本軍兵士たちを弔った慰霊碑があるということで訪ねることにし、市場で購入した花とお寺で求めた線香で弔った。

高さ二mぐらいの石造りの慰霊碑には「弓部隊」と書かれていた。最初私は弓が何を指しているのかわからなかった。「弓」というのは三つあった師団（約二万名の兵士で組織されている）の一つの師団の通称で第三三師団が正式名称。その上に位置するのが第一五軍（牟田口司令官）。他の二つの師団、第三一は「烈」、第一五師団は「祭」と言われていた。牟田口が無謀なインパール作戦の発案者であり全体の責任者であった。小畑参謀、そして牧田副参謀は反対の意思を表明したために解任された。牟田口司令官の下に居た三名の師団長はいずれもインパール作戦に懐疑的であったが、命令に基づいて行動した。しかし無謀な作戦が困難に陥る中で三名とも解任されている。とりわけ佐藤第三一師団長は退却申請をしたが引き続き突入することを命じられた。しかし彼は命令を無視して退却した。明治以来の日本軍の歴史の中では後にも先にも唯一の例だと思われる。軍令に違反したのであるから軍法会議の対象である。しかし牟田口は軍法会議を行えば、佐藤師団長に「何を言われるかわからない」と考え、精神衰弱を理由にして解任した。

このお寺にあった慰霊碑は第三三師団の戦死者を弔う碑であった。インパール作戦に参加した日本軍は約九万名で、そのうち戦死が約二万六〇〇〇名、餓死などの戦病死が約三万名、合計五万六〇〇〇名、つまり約六割が亡くなった。退却した道は「白骨街道」と言われた。

　お寺の関係者と話をしていると、お布施をするにあたって「本堂で弔いをされたら良い」と言われたので二階の本堂にあがった。弔いを済ませた後、お寺の人と話をしていると、この慰霊碑は第三三師団の遺族会の人々が寄付を集めてお寺の同意を得て建てたものだそうだ。その遺族会が作成した戦死者の名簿を持っておられると言われたので見せてもらった。それを見ると、判明している限りで亡くなった兵士の氏名、亡くなった年月日、亡くなった場所が記載されていたので、写真を撮らせてもらった。日本人兵士を弔った追悼碑を設置した寺は、このお寺以外にもミャンマー全体で七カ所ぐらいあるそうだ。なおミャンマーで亡くなった日本軍将兵の死者は約一四万人と推定されている。

インパール作戦兵士の慰霊碑

　私は太平洋戦争そのものが無謀であり、インパール作戦など将兵を死なせるための作戦だったと思っているが、赤紙一枚で徴兵され、ビルマの地まで連れて来られて亡くなった兵士を弔うのは当然のことだと考え、海外に行く場合には、こうした場所を探し訪ね、弔っている。

　昼食後、原野に広がる仏塔・寺院跡を見て回った後、郊外の小さな村、ミン・ナン・トゥ村を訪ねた。旅行会社が我々の希望もあってガイドの人が村の区長と話を付けて見学の了解を取ってくれたようである。区長らしい中年の女性が出迎えるとともに、その集落の女性や子供が出て来た。他の家は竹やヤシの葉を主体とした家であったが、その区長の家は真新しい木造の家でパラボラアンテナも設置され、ござっぱりした雑貨屋も営んでいた。またトイレと行水用の部屋が対になったレンガ建ての建物もあった。明らかに急速に階層分化が起こっている。

私たちが着くなり老婆が地元の伝統的な糸車を回したり、葉タバコを吸ったりし始めた。区長に指示された観光客向けの馴れた仕草だったが、まあ見ないより見る方が生活の一端がわかるので写真に収めた。私はできる限り周辺民家の写真や親子を撮った。ただ、いつものことでこういうところで、「お金」「マネー」と付きまとわれるのには困った。一人に渡すと、何人もの人々が寄ってくるので渡さず、そこにいた子供たちにあめ玉を配った。

インレー湖へ（一一月二日）

パガンのホテルを六時に出発し、七時四〇分発の飛行機でインレー湖があるヘーホー空港に八時二〇分に到着。マイクロバスで移動し、いったんインレー・フピンカウンダイホテルでチェックインして、ホテルの前から出るボートに乗ってインレー湖に出かけた。

船は地元の伝統的な小舟を改装した木造船に焼玉式のディーゼルエンジンにスクリューを取り付けた簡単なもので、乗客は四～五名が限度で二隻に分かれて乗った。ガイドが「傘とカッパを用意しています」といったので雨対策かと思ったが、進み始めてそれだけではないことが分かった。船のへりが水面から四〇～五〇㎝ぐらいしかないので、水しぶきが体にあたるのである。動き出してからカッパを着るのは危ないので膝に掛けることにした。

ガイドブックには浮島の上で野菜栽培などが行われていると書かれていたが、チチカカ湖でやっている程度の規模を想定していた。しかし延々ととてつもない広さである。浮島の上に農作業用の小屋が点々と建っていた。しばらく進むと二～三人が乗るのが限界と思われる伝統的な小さな木造船で漁をしていた。ところがその漁師は片足で舟尾に立ち、もう片足で櫓を立漕ぎしていた。両手で網を投げ、引上げる。ものすごいバランス力である。

片足で舟を操る

それでも私は最初、遠目から、櫓は舟にロープか何かで縛ってあって、そこを支点にして動かしているものと思っていた。ところが近づいたとき、漁師は二本足立ちになり櫓を手で漕ぎだした。カヌーと一緒で櫓は固定していなかったのである。支点なしで片足を櫓に絡ませながら漕いでいたのである。小型舟に一人で乗りながら両手を使って網などを扱えるように工夫した独特の操舟術なのであった。それにしても、そのバランス力に改めて感じ入った。さらに進むと杭を打った上に建てた水上生活者の集落が現われた。

世界の港町や湖のほとりなど、色々な場所に水上生活者がおり、その集落がある。その生業の大半は漁業、水運、商業である。しかしここでは漁業もしているが、主たる産業は浮島の上での野菜栽培である。チチカカ湖でもそうであるが、浮島は最初は自然に出来たものと思われる。しかしチチカカ湖では葦を組み合わせて筏のようにして浮かせ、それをつなぎ合わせ浮島とし、その上に葦で作った家に住んでいる。家の周りには土も轢き、鶏を飼ったり、自家消費用の野菜栽培を行っている。

このインレー湖では水草を縛り浮島を作っているそうである。以前、この地方は漁業と浮島の野菜栽培で暮らす貧しい水上生活者の居住区であった。ところが近年水耕栽培が注目される中で湖の浮島の上で無農薬、無肥料の野菜が栽培されていることに注目が集まり、トマト栽培を中心に商品作物の生産が広がり、浮島は拡大され従事者は豊かになった。水上生活者の居住区を見ていても従来のヤシや竹で作った家だけではなく、しっかりした杭の上に木造建築で建てた家に住む人々も現れていた。そうした家では電気だけではなく水道管も配管されていた。

このインレー湖の水上生活者は商才に優れているようで、集落の中に大きな織物工場があったり、銀細工の工房もあった。インレー湖があるシャン州の近くに銀山があるそうで、そこで採掘される銀を購入して指輪や腕輪をはじめとする銀細工を生業としている人々がいる。また繊維工場ではインレー湖で取れるハスの茎を何本かまとめて一〇㎝単位ぐらいで折って引っ張ると糸状の繊維が現われ、それを取り出してまな板のような板の上で、撚ってあっという間に糸にしていた。その糸を染色して機織りし、スカーフなどを作って販売していた。さらっとした肌触りで夏用の衣服に優れていると思った。値段は絹一〇〇%の製品と比べて一・二倍ぐらい高かった。いずれにおいても若い職人や店員がいた。地元にいても食べられるのなら、全ての若者が村から出て行くわけではないことを現わしていた。

このインレー湖地域で大きな二つの寺院を訪ねた。一つは土で埋めた島の上に建てられた巨大なファウンドーウー・ハヤ寺院で、この地域の中心的な寺院である。五体の仏像に信者が金箔を貼り過ぎて団子状に丸くなったもので、すでに全く仏像には見えないが、それを本尊的な仏像として信仰し、九月から一〇月にかけて行われる祭りのとき、伝説の鳥、カルーダーを模した巨大な金箔の船に積み込みインレー湖の各集落を回るそうである。我々が訪ねた直前にその祭りは終わっていた。水路にはお祭りの旗が掲げられていたが、その撤去作業が行われていた。

もう一つはカーベー僧院である。六〇〇本の柱のある大きな水上建築の寺院として建てられていた。ところで戦争中、インパールから敗走してきた日本軍に対してイギリス軍などによる爆撃が行われた。各寺院もその危険にさらされた。そこで各寺院はお寺の大切な仏像を湖の上にあり爆撃の危険が少なかったガーベー寺院に預けた。しかしどうしたことか戦争が終わっても各寺院から返還要求が出ず、そのまま残されることになった。そのためこの寺院には、この地域を代表する三〇もの仏像が安置されていて、仏像彫刻博物館のようなことになっている。

上陸した町で、五日毎に開催されている五日市を覗いた。さっと見て回ったところバガンの市場のように、一坪ぐらいの敷地に、それぞれが持ち込んだ品物を売っていた。五日毎に開催される定期市ということで、様々な衣装を着た周辺の少数民族の人々が売り買いしていた。野菜などの売り手であると同時に、自分たちの日常生活に必要な雑貨等を購入する買い手ともなっていた。もともとは物々交換の場所だったのであろう。この市を出てきたとき、大きな音楽が聞こえて来た。表通りにアウンサンスーチー氏陣営の宣伝カーが到着していた。驚いたことに、日本での「安保法制反対」の街頭宣伝とそっくりに若者たちが赤いTシャツを着て、音楽を流し、車の上からラップ調の演説を行っていた。まさにインターネット時代だ。はるか離れた日本で行われている形態が、あっという間にミャンマーの地方農村の街頭で行われているのである。車の周りや市場の入り口では別の行動隊の人々がチラシやリーフを通行人に配っていたので我々ももらった。

その後、ミャンマーの伝統的な紙漉き工房を見学し、インレー・フピンカウンダイホテルに戻った。

「ビルマの竪琴」の涅槃像（一一月三日）

午前七時にホテルを出発し、九時二五分発の飛行機に乗り一〇時一五分にヤンゴン空港に到着。その足でヤンゴン郊外七〇kmぐらいの地点にある古都のバゴーを見て回ることにした。バゴーはかつてモン族の王国があったときの首都であったが、その後ビルマ族の王朝に攻められて滅ぼされ、その支配下におかれたところである。

最初に、シュエタ・リャウンパコダの五五ｍの巨大な涅槃像を見に行った。日本人でいうと映画でもなじみの『ビルマの竪琴』で、残留した水島上等兵が暮らしていたジャングルの涅槃像という設定の場面である。しかしまったくイメージは違う。今では住宅街の真ん中に、巨大な鉄骨のアーケードで覆われた中にあり、涅槃像は真新しい金箔で覆われている。

アーケードは一九五四年に作られたそうで、金箔を含めた塗装は他の寺院と同じく数年に一回行われているので古さを感じさせないのである。しかし涅槃像そのものは古く、モン族の王・ミガティバによって九九四年に作られたものだそうだ。それにしても映画ではジャングルの中にあるが、現在では町中にある。わずか七〇年余りで状況は一変していたのだ。鉄道建設のために入ったインド人技術者がジャングルの中で偶然に見つけたそうだ。

ガイドが「このお寺には鎌倉彫りの仏像があります」と言うので「鎌倉彫りとは何のことか」と思いながら、そこへ案内してもらった。するとそこにはビルマ戦線で息子さんを亡くした方が、お寺に依頼し、寄進して参道の脇に、真ん中に鎌倉の大仏の小型レプリカ、その両側に別の仏像二体と家族写真を設置していた。そばに亡くなった方と寄進された親御さんのことを書いた説明版が設置されていた。物価が違うとはいえ、参道脇に鉄骨で幅二〇ｍ、奥行き一〇ｍぐらいの建物を作り　その中に仏像三体を安置されているのだから大変な金額が必要だったと思われる。しかしビルマ戦線で亡くなった息子のことを思い『ビルマの竪琴』ゆかりのお寺に寄進されたのだと思う。子供を思う親御さんの切ない気持ちが伝わって来た。

その後、四面に四つ仏像が施されたチャイブーン寺、ブッダの遺髪二本を納めた高さ一一四mの大仏塔がそびえるシュエモオード寺院を見学した。

昼食後、チャカッワイン僧院を訪ねた。ここは主として僧侶を養成する寺院で八歳ぐらいから二〇歳ぐらいまでの青少年が常時一〇〇〇名ぐらい学んでいるそうである。お祭りが終わったときなので、半分ぐらいの学僧は帰郷していて、我々が行ったときには講堂で五〇〇名ぐらいが読経していた。ブータンを訪ねたときにも思ったことであるが、青少年期の重要な時期に仏教の修行に専念することの過去における役割と現在の否定的側面の両方を考える必要があるだろう。

「ビルマの竪琴」の涅槃像はとてつもなく大きい

農業を主とした過去の時代に、貧しい農家の次男や三男が仏門に入ることは、そこで読み書き、仏教的教養を身に着けるとともに、最低限の生活が保障される意味があった。しかし現代のように工業や商業、サービス産業が発展する時代、仏教の修行だけに専念し、何らの近代的知識、そして技術を身に着けない教育は、長く受け続ければ続けるほど現代社会に出て生きていく能力を持てず、僧侶を辞めることができなくなる。

子供のときから宗教の影響を受けた人が、青年期に人生や社会に苦悩し出家したり、またそれを辞めて市民社会に戻るというならわかる。また青少年期や成人になってから何カ月間かを寺で修行をするというのも意味があることだと思う。しかし近代教育を受けないで八歳ぐらいから二〇歳ぐらいまでの期間、お寺で仏教の修行だけをするという制度は時代的限界にきているのではないだろうか。

そのあと渋滞の中、四時間ほどかかってヤンゴンに戻った。道路わきの家々にはスーチー陣営を表す小旗がたくさん立てられていた。

街の雰囲気をカメラに収めようとカメラを探していたとき、左からガーンと音がした。左窓を見ると大型トラックがコンクリートの分離帯とその上に設置された鉄さくを砕いて乗り上げ前輪の車軸が歪んでいた。急いで前方を見ると人が集まっていた。大型トラックは我々の前方の四つ角の左から来て、右、つまり我々の反対車線に入ろうとしたが曲がり切れず、そこにいた乗用車に追突し、さらに二台のバイクをはね、我々のバスに激突しそうになったのをハンドルを切って分離帯に激突したようである。渋滞で車はノロノロ走っていたので「居眠り運転」での暴走ではなさそうである。我々のマイクロバスの運転手と、その後ろにいたガイドは、まともに「突っ込んで来たトラック」を見た。「仏さま、助けてください」と祈ったそうである。「トラックのブレーキが故障して効かなかったようだ」と語っていた。すこし動き出した。窓の外側を見ると道路に血が流れていたが、さらに数m行くと、首が歪み頭が轢きつぶされた死体が転がっていた。

その前方に男女が乗った乗用車の後方のガラスが粉々に割れていた。二台のバイクのうち一台は当たられたが轢かれず重症で助かったようだが、一人は即死したのだ。乗用車の男女はむち打ち程度で済んだのだろう。「死は突然現れる」「紙一重の運によって生死が決まる」というのは、まさにこういうことなのだ。トラックの運転手が一瞬、ハンドルを切らなかったら、我々が乗っていたマイクロバスに正面衝突し、運転手やガイドは即死もしくは重症を負っていたであろう。

スーチー氏の事務所、アウンサン将軍等の追悼碑、ラングーン事件韓国犠牲者追悼館を訪ねる

（一一月四日）

この日、ガイドに頼み観光スケジュールにスーチーさんの選挙事務所などを追加した。一応訪ねた順に記載する。

まずミャンマー仏教の一大聖地シュエダゴォン・パヤーを訪ねた。

創建は古く、一二〇〇年以上前と言われている。ブッダの遺髪二本を納める高さ二三mの塔を建てたのが始まりと言われている。その後しだいに大きくなり、今日で主塔の高さは一一四mと言われ、金箔で覆われた塔に使用されている金は七tだそうで、最上部には三五〇カラットのダイヤモンドが置かれているとのこと。

塔の最先端部分は傘型になっている。以前の傘は一八四一年に取り付けられ一九九九年に現在のものと付け替えられた。そのときに全国の信者が自分の身に付けている宝石・貴金属を寄進し

て、新しい傘に取り付けられた。晴天の下、金箔はキラキラと輝きまぶしくて直視できない程であった。それにしても、これだけのものを寄進によって作り上げる信心の力はすごいと改めて思い知らされた。

このお寺には元々三つの釣鐘があった。イギリスはそのうち二つを奪い持ち出そうとした。ところが二四ｔもある重い釣鐘はうまく船積みできず、二つとも河に落としてしまった。一つは引き上げに成功しお寺に安置してあった。しかし落ちた時に川底の岩石にあたり縁が欠けた状態で展示されていた。もう一つはいまだに見つかっていないそうである。

大英博物館の展示物にはイギリスの物などほとんどない。有名な展示物は全て海外から略奪してきたものである。決して「紳士の国」ではない海賊の国である。

ヤンゴンとネイビー

昼食後、ヤンゴンの中心街にあるマーケットを訪ねた。植民地時代からあるレンガ造りの大きな建物である。ここでは食料品は売っておらず、一坪単位の店で土産物、衣類、貴金属などの専門店がぎっしりと並んでいる。小売りもしているのでヤンゴン市民も買い物に来ているが、スカーフならスカーフだけ、反物なら反物だけの専門店で、貴金属店だけでも二〇軒あまりが一カ所に並んでいた。私が見る限り中売りの問屋の店で、市内の小売店や地方の店から買いに来ているように見受けられた。ベトナムのホーチミン市のベンタン市場と同じ仕組みだと推察した。ところで私が感心したのは、そこを行きかう人々の多様性である。ニューヨークやロンドン、パリも多民族の町である。白人、黒人、アラブ系、アジア系など人種のるつぼ化している。ここには白人、黒人、アラブ系の人々はほとんど見受けられない。しかしアジア系の顔をしたあらゆる種類の人々がいる。私が体験した限り、アジアの都市でこれほど多様なアジア系の人々がいる場所は初めてである。

ところで滞在中、あちこちのレスランで、昼食、夕食を食べたが、大半が中華の店であった。外国人旅行者が食べに行ける程度の大きさとレストラン的装いを持った店は資金力からミャンマー人には作れないようである。バスの窓から見ているとミャンマー人が食べている店は大半が屋台か簡単なトタン屋根、せいぜいレンガ造りの長屋の中の二〇畳ぐらいの店であり、旅行社が観光客を連れていける店はほとんどないのであろう。ヤンゴン市内にはチャイナタウンとともにインド人街もあるが、日本人にはインド料理を毎回食べるのは無理で、結局、中華の店になるのだろう。ちなみに先の貴金属店も大半が華人系であった。商業・金融・飲食で華僑の影響力が圧倒的に強いのは、日本とインド以外のアジア各地の共通的状況である。

ガイドが街のあちこちについて説明しているうちに気づいたことは、日本大使館をはじめ各国の大使館は首都のネイビーではなく、今も元の首都であるヤンゴンにあるということである。普通、大使館は首都にある。ネイビーは軍政が二〇〇六年に、新しく作ったまったくの人工の都市であるが人気はなく、ガイドブック『地球の歩き方』でも独立した章はなく「ヤンゴンとその周辺」の中で三ページが充てられているだけである。なおネイビーに外国人が入れるようになったのは、アメリカや日本などの先進国が経済制裁を解き、ミャンマー政府が外国人の投資を認めるようになった二〇一二年からで、日本の経済界では「アジア最後のフロンティア」と言ってビジネスマンたちが続々とミャンマー調査に出かけており、その際、政府との話し合いも必要でネイビーに出かけているため、現在ホテルの建設ラッシュになっているそうであるが、私が訪ねた二〇一五年時点では、観光客はまだほとんど訪れていなかった。

ミャンマーの選挙

マイクロバスで走っていると、家々にスーチーさんの党の旗が掲げられている。車にもステッカーが貼られている。相手陣営の旗にも時折出くわすが、スーチー陣営に勢いがある雰囲気だ。ガイドの話によると圧倒的にスーチーさんの人気が高いようである。

「心配しているのは、開票で僅差で現政権側が勝つことです。現時点で明らかになり問題になっていることとして、選挙人名簿に現存している人の名前がなかったり、いない人の名前が載っていることが明らかになっています」「名簿が家族単位や同じ番地であれば気が付きますが、町単位で、日本でいえばアイウエオ順に記載されているため役所に行っても自分の名前があるかどうかはわかりますが、知らない人の名前が載っていても確かめようがありません」「それでも確かめに行く人はまだいいです。私の場合、妻の姉や妹の名前がなかったので登録手続きをしました」「投票日当日にないとわかっても、どうしようもないと思います」と語っていた。また「心配されることは、選挙の前に現政権がクーデター的に動くとか、現政権が僅差で勝利することです」「そのときの抗議行動がどうなるかです。混乱が起これば、せっかく広がり始めた観光客も投資もダメになるでしょう。既に欧米の観光客は大幅に減っていて、選挙の結果とその後の動向の様子見の状況となっています」と語っていた。

アメリカや日本のマスコミがたくさん入ってきて取材活動をしているそうで、事実上、国際的注視・監視の下の選挙になりつつあるそうである。

ところで、ミャンマーでは軍部がクーデターで権力を握って以降、すでに五〇年になる。その後、様々な経緯があったが、現時点では国会議席の四分の一（一六六／六六四議席）があらかじめ軍人枠となっているため、選挙で選ばれる議員の三分の二を獲得しなければ全議席の過半数は取れない。私が見たかぎり街頭の雰囲気でスーチー陣営が圧倒していたが、議席の過半数を取れるかはわからなかった。

その上、スーチー陣営が多数派となってもスーチーさんは大統領にはなれない。軍主導の国会で「親族に外国籍の者がいる人は大統領にはなれない」との法律が定められているからである。イギリスに留学して結婚し、イギリス人の夫との間に生まれた二人の息子は、そのままイギリスにおりイギリス籍である。スーチー氏に的をしぼった法律である。すでにスーチー氏は記者会見で、「我々が選挙で勝利した場合、まず三名の副大統領を選び、その三名の中から大統領を選ぶことにする。党首である私は最高顧問となり大統領の上に立つことになります」と語っている。国民も当然のこととして許容しているようである。

ガイドにスーチーさんの事務所を訪ねることを頼み訪問した。事務所の写真を撮らせてもらうとともに、陣営のTシャツと帽子、鉢巻きを購入した。そこに場違いな雰囲気の中国人男性数名が訪問していた。いずれも上等の背広を着馴れた様子で、髪の毛の手入れも良かった。中国政府関係者が様子を見に来ている雰囲気であった。中国は今日まで軍事政権を支持していたが、スーチー陣営が勝ちそうだと見て、新たな接近を進めようとしているのだろう。

スーチーさんの事務所と選挙グッズの売店

アウンサン将軍等の慰霊碑とラングーン事件

続いてアウンサン将軍等の慰霊碑を訪ねることにした。ガイドの話だと慰霊碑への弔問は禁止されていて、鉄柵があり、そこに軍隊がいて近づけないということであったが、その様子を見るためにも近くまで行ってください と頼んだ。

一九四一年日本軍がビルマの占領を開始した。アウンサンや、ネ・ウィン等は当初、イギリスからの独立のために日本軍への協力を進めようとしたが、日本軍はアウンサン将軍らの動きを禁止した。それに対して彼らは独立義勇軍を結成し、一九四四年ヤカイン地方を手始めに抗日戦の準備をはじめ、一九四五年反日蜂起した。ビルマを占領していた日本軍が敗れたことによってビルマの独立が課題となった。イギリスが再植民地化しようとしたが、アウンサン将軍等が率いるビルマ人の独立を求める闘いが起こった。そんな中で一九四七年、一部軍人らによってアウンサン将軍等九名が暗殺された。しかし一九四八年ビルマ連邦共和国として独立を達成し、一九五八年ネ・ウィンが首相となった。暗殺者等は逮捕され処刑された。そしてアウンサン将軍等九名は国民的英雄として慰霊碑が立てられた。

その後、様々な政治的経過を経て軍部独裁が続く中で、民主化闘争が起こりアウンサンスーチー氏がその象徴となる中でスーチー氏が軟禁されると同時にアウンサン将軍等の慰霊碑への参拝も禁止され、鉄柵で覆われ軍が管理してきた。

ところが近づくと管理の兵隊はいなかった。鉄柵に門があり管理人がいた。それでガイドに「入れないかどうかを聞いてほしい」と頼んだところ、一人三〇〇〇チャット（日本円で三〇〇円）を支払えば入れるということが分かった。さっそく支払って中に入った。ガイドも入ったことはなく、一九九九年に軍によって出入り禁止になって以降一五年、中に入った日本人は私たちが最初ではないかと推察される。これは選挙を前にアメリカなどの意向を受けた現政権が急遽取った処置ではないか。情勢は急激に動いている感じがした。

出てきたときガイドが「ここには韓国の犠牲者の記念館があります」と言うので、見渡すと入り口の隣に鉄柵で覆われた韓国語の案内板があり、中に鉄筋一階建の建物があった。それで思い出した。「ラングーン事件」だ（ヤンゴンは当時ラングーンと言われていた）。韓国の大統領の全斗煥が来て、この慰霊碑を訪問したとき、爆弾が仕掛けられていて閣僚を含む韓国政府要人が多数犠牲となった。たまたま全斗煥は時間に遅れて到着したために難を逃れた。その後の調査で、前日に北朝鮮関係者が入国していたことがわかり、北朝鮮の国家的犯罪行為であることが判明した。時間がなかったので韓国の犠牲者を祭る記念館に入ることはできなかったが、韓国人数名が来ていた。

その後、飛行場へ行く途中にスーチーさんの居宅を訪ね、門の前で写真を撮った。軍隊もいなかった。

ミャンマーの歴史的な選挙期間中に訪ね、関係する場所を訪ねることができたことは文明的理解とともに大きな収穫であった。

選挙はアウンサンスーチー氏の陣営が圧勝し、政府を組閣することになった。しかし重要四大臣が軍人に割り当てられており難しい運営になると思う。急がないことである。ヤンゴン一九時一〇分発の飛行機に乗り、ハノイ経由で関空に五日の六時四〇分に到着した。

追記。ところでミャンマーには一三〇を越える少数民族がおり、いくつかの民族は軍政に対してゲリラ闘争を展開してきた。スーチー政府は、これらのゲリラ勢力と和解する交渉を進めているが、まだ全ての勢力との合意には至っていない。その中で私も詳しく知らなかった問題がイスラム教徒であるロヒンギャ問題である。国民感情としてスーチー陣営に属している人たちの間でも厳しい差別感があるようである。その中で、一部の人々がゲリラ活動を続け、軍が掃討作戦を実行したが、何の武器も持たない女性や子供に対してまで発砲し、数十万単位の難民が生まれ、バングラディシュに流れ込む事態が起こっている。国際社会から厳しい批判にさらされ、アウンサンスーチー氏の国際的評価に関わる問題となっており難しい。

第三部　社会主義について考える旅

一　理論的探求でロシア・イタリアを訪問

二〇一六年九月二一日〜二九日にかけてロシア・イタリアを訪ねた。目的は社会主義が崩壊して以降のロシアを、ロシアのマルクス主義者がどう見ているのか。イギリスのEU離脱などEUの新しい動向と、それに対応した民衆の運動の展望をどう見るのかということを、イタリアの政治家・研究者と意見を交換するためであった。

参加者は日本共産党の元参議院議員の聴涛《きくなみ》弘さん、元東京都足立区長で東京都知事候補にもなった歯科医の吉田万三さん、元NHK職員で先の東京都知事選挙にも関わった市民運動家の寺島栄宏さん、元大学教授の斎藤紀彦さん、グラムシ研究家の宮下武美さん、それにロシア語が堪能な添乗員の山田将光さんと私の七名であった。

移動日（九月二二日）

九月二二日、成田空港に午前一〇時集合であったので、前日の二一日に家を出て成田のレストハウスホテルに前泊した。

一二時発の飛行機でモスクワに日本時間午後一〇時、現地時間四時に到着（約六時間の時差）。ちょうど一〇時間の行程であった。飛行機の中で聴涛氏の最近刊『マルクスなら今の世界をどう論じるか』を読み直した。

チャーターしたバスで五時に飛行場を出発しホテルに向かう、およそ六七㎞なので「スムーズにいけば一時間ぐらいですが、渋滞に巻き込まれればわかりません」ということであったが、大渋滞に巻き込まれ三時間半かかり九時半に到着。走っていた車の大半は新しい乗用車であり、中間層が形成されていることは明らかであった。予約してあった夕食をさっさと食べ寝ることにした。

モスクワ大学へブズガーリン教授を訪ねる（九月二三日）

モスクワの地下鉄は一九三〇年代に整備され、地下が深いこと、駅舎が立派なことで世界的に有名であるが、料金はどこまで乗っても均一で、乗るときにカードを購入し日本と同じくタッチ式で改札を通るが、出るときにはノータッチで使い捨てである。駅舎は確かに立派であるが、走っている客車は年代物でガタピシと揺れ、車両間の連結通路もない。

駅の入り口にロシア共産党の機関紙「プラウダ」を配っている女性がいた。ロシア共産党は今でも得票率一五〜二〇％程度を獲得し、圧倒的差があるとはいえプーチンのロシア統一党に続いて第二党である。ヨーロッパで共産党を名乗って活動している珍しい党の一つである。なおフランスにも共産党はあるが、国政選挙での得票率は一～二％で政治的影響力はほとんどない。ロシア共産党は今でも一五～二〇％程度の得票を獲得できているが、その理由として以下の点があると考えられる。

①エリツィン以来進められてきた新自由主義の下で年金が改悪されてきた高齢者と貧困者の生活擁護のために「年金改悪反対、生活を守れ」と活動している。

②スターリン主義の党で「スターリンの時代は大国であり、国民生活も安定していた」というロシア国民の郷愁ともいうべき感情に根差している。

③「大国ロシアの復活」を掲げるプーチンの対外政策を全面的に支持している。そのためプーチン政権からの弾圧を受けていない。

なお、ゴルバチョフ、エリツィン時代に雨後の筍のようにできた新党は、その指導者の多くが新興企業家として成功し、政治の世界から離れて、雲散霧消してなくなっている。

経済学部のブズガーリン教授と面談するために訪問したが、氏は地下鉄の入り口まで迎えに出てくださり経済学部のゼミ教室で懇談した。

ブズガーリン氏はソビエトが崩壊する前の最後のソビエト共産党大会で中央委員に選ばれ、その一年のちにソビエトが崩壊し、ソビエト共産党も解散した。日本ではほとんど知られていないが、同氏は清算主義に陥らず、ソビエト革命とは何だったのか、その成果と問題点、崩壊の原因と今後の教訓等について次々と著作を出し、世界のマルクス主義陣営で注目を集めている学者の一人である。

一九九一年二月二日、ゴルバチョフ書記長の下、ソビエト共産党解散、ソビエト連邦解体が決定され、ソビエト社会は大混乱に陥った。そうした中でゴルバチョフの後を継いだエリツィンは九一年九月、ソ連共産党の活動を禁止した。しかし憲法裁判所において「ソ連時代の共産党の活動は合法」とされ、状況は一変し一九九三年にロシア連邦共産党が再建され、党員数は安定し五〇万人を維持してきた。その後ロシアの政界は激動したが一九九八年のアメリカでのリーマンショックを契機とする経済危機の下、大統領選挙においてエリツィンを相手にした共産党の代表が接戦するなどしたが、エリツィンの後継者として登場したプーチン大統領の下、経済が回復、安定するにしたがって共産党は年金生活者や貧困層を代表する政党として固定していき、政権獲得を目ざせる党ではなくなってきた。

ブズカーリン氏も最初は再編されたロシア共産党員であったが、スターリン主義の傾向が強くなったので、現在は社会主義者の立場を堅持しながらも、自由に研究し社会的に発言するためにロシア共産党を離れている。

懇談を効率的に行うために、あらかじめ下記のような課題で七項目に整理して質問状を送っておいた。ブズガーリン氏はそれに従って、途中で質疑を挟みながら彼の見解を要領よく説明された。

以下、ブズガーリン氏の説明の概要を私流に整理して紹介する。

①一九一七年の事件は革命であった、新しい時代が始まったと言える。それはロシアだけではなく世界にとってもそうであった。アフガニスタンやバルト三国の独立を認め、世界の民族独立を求める人々に道義的優位を広げ、その後の世界を変える一つの力となった。八時間労働制の確立によって世界の労働者に希望を与えた。ロシアで社会主義を目指す政権ができたことが、資本主義先進国も変え、福祉・医療・教育など様々な分野で社会主義的要素が取り入れられた。

②レーニン等当時のボルシェビキの指導者たち、そしてマルクスも資本主義を打ち破る社会主義革命は資本主義が発展していたイギリスそしてドイツで起こると考えていた。しかし二〇世紀の初めに帝国主義諸国が形成され、第一次世界大戦が起こり一〇〇〇万人を超える死者が出る中で、帝国主義国の弱い環であったロシアでまず突破口が開かれた。そのときでもレーニンたちは隣のドイツで起こった革命が成功しなければ、ロシアの革命は持ち堪えられないだろうと考えていた。しかしドイツ革命は成功しなかった。それどころか日本を含めた帝国主義諸国はロシア国内の反革命勢力と連携し革命を押しつぶそうとする干渉戦争を繰り広げた。干渉戦争を打ち破り革命を守るために、戦時共産主義が採用され、農民からの穀物の強制収用、零細企業にいたるまでの国有化を推進して、干渉戦争と闘い、ようやく打ち破ったがソビエト社会は疲弊の極にあった。

③そこでレーニンは新経済政策（ネップ）を採用し、市場経済の導入、中小企業ならびに自営

業の容認、農民には国家に収めた上での余剰農産物の自由販売などを認め、経済の活性化を図った。また各種の自主的共同組合を奨励し、文化をはじめとする言論の大幅な自由を認めソビエト社会は活気づいた。

④しかし社会主義に向かうにはあまりにも多くの困難が存在した。引き続く帝国主義諸国による包囲網は経済力に不相応の軍事力の確保を必要とした。農民人口が八割を占め、工業建設が遅れていた。内戦が終わった段階でも国民の七割が文盲という文化水準。国民の中には根強く家父長的社会が残っていた。こうした下で、どのようにしてソビエトを守り社会主義を建設するかという難題があった。

⑤レーニンの後を継いだスターリンは、それを上から強行的に突破する道へ突き進んだ。戦時共産主義を上回る規模とスピードで強権的に進めた。零細企業に至るすべての企業の国有化、農民を強制的に集団化した国営・集団農場に入れた。それに反対する農民や企業家を数百万人単位で逮捕しシベリア開発に送ったり、強制収容所に入れ囚人労働として使用したり、あるいは処刑した。農民の意欲を削ぐこうした政策は穀物をはじめとする農業生産を激減させ一〇〇〇万人規模の餓死者を生んだ。これらを批判したり批判していると思われる人々に対して大粛清が行われ、自由にモノが言えない社会となり、党と国家が一体となったソビエト社会は党官僚が支配するいびつな社会に変わった。

⑥こうした上からの強権的社会であったが、計画的な建設でソビエトはアメリカに次ぐ工業力

と軍事力を持つに至り、ヒトラーのドイツとの闘いで勝利したのは、基本的に二〇〇〇万人を超える犠牲者の上でのソビエト軍の力であった。これは西側の政治家、歴史家も認めざるを得なかった。今日改めてスターリン体制とはなんだったたかが研究されている。

⑦官僚主義が横行し、幹部による腐敗、非効率な生産システム、労働者が生産ならびに社会の管理から外され、国民に自由がない社会は行き詰り崩壊した。

⑧ゴルバチョフ、エリツィンの、急ぎ過ぎた市場経済化・資本主義への移行による混乱期に、元の国有企業が幹部によって私有化された。国家財政が破綻し、年金などの社会保障が改悪されたり崩壊し、圧倒的国民は塗炭の苦しみを負わされた。プーチン時代になって石油・天然ガスの国際価格が上がり、その輸出によって国家財政も安定し、ようやく社会は安定を取り戻してきた。しかしかつてのソビエトでは六割の人々がほぼ同じ水準の生活をしていたが、野放しの規制なき新自由主義の下で、今や格差社会が広がっている。これをどのようにしていくのかは世界共通の問題である。

⑨社会主義とは本来、資本主義経済の克服だけではなく、人間解放を目指したものであった。つまり生産手段の社会化とか計画経済といっても、労働者をはじめとする働く者が生産ならびに社会の管理から外され人間疎外に陥る社会では駄目である。かつてのソビエトは物の量だけが判断基準であった。しかし今日ではアメリカと同様にお金をいかに稼ぐかだけが判断基準となった。

⑩中国は「改革開放」によって驚異的な経済成長を遂げ、今ではアメリカに次ぐ経済力を持った大国となった。あえて言えば中国は封建制が色濃く残った社会であり、これをいかに克服していくかが重要な課題である。今年から来年にかけてロシアと中国で「二一世紀の社会の在り方についてのシンポジウム」が開催される。皆さんも是非参加していただきたい。私は日本にも行きたいが個人的に負担せざるを得ず行けない。

一九九一年にソビエトが崩壊したとき、世界では「共産主義はダメだった」「資本主義の勝利」が声高に叫ばれた。これにたいして長年、ソビエトからの干渉と闘ってきた日本共産党をはじめとする日本の自覚的民主勢力は「ソビエトとはなんだったのか」などの解明を精力的に行い、「レーニンの時代は社会主義を目指す過渡期であったが、スターリンの農業集団化、大粛清によってソビエト社会は変質し、社会主義でも社会主義を目指す過渡期でもなかった」とし、人類史における社会主義の探求を提起した。ブズガーリン氏の見解は、ほぼこの見解と一致する。

ただ、それでは「社会主義というのはどういう状態のことを言うのか」という質問に対して⑨のようなことを述べられた。すなわち「社会主義は人間解放が目的であり、働く者・国民が生産や社会の管理に参加し、主人公となる社会でなければ人間疎外から免れない」と述べられた。これはマルクスの「経済学・哲学手稿」以来述べられてきたことであり、「答えになっていると言えばなっているし、なっていないと言えばなっていない」あまりにも観念的な答えであるが、私たちも同様の意見の回答以上のものを持っておらず、難しい問題である。

彼の見解で私と明確に異なる点は以下の二点である。

①スターリン以来のソ連の大国主義についての批判がないことである。ソビエト社会崩壊の国内的要因と合わせて、もう一つの要因である大国主義の問題が解明されていなかった。おそらく、それはプーチンの大国主義的行動に対する批判につながる点を考慮しているか、同調しているかであろうと推察した。同じことは「表現の自由について、過剰に評価していない」という発言もあった。いずれも現在のロシアの状況、彼の立場を考慮し、こちらからは再質問はしなかった。

②中国に対する評価が甘すぎることである。「改革開放」によって経済力が躍進し大国化したことは事実である。しかしそれは限りなく資本主義が広がったことであり、彼が言うところのアメリカ流の「お金がすべての社会」となり格差社会が広がり、一党制の下で資本主義が広がり、幹部を中心に限りない腐敗社会となっている。また大国化に伴って対外政策において国際法を無視した横暴な行為で近隣諸国と争いが生じている。これらに対する言及がなされなかった。そして発言のニュアンスから、近く開催されるロシア・中国シンポジウムの資金提供者は中国のようであり、我々には来日費用の提供を求めたものと考えられた。

なお、ソビエトが崩壊したとき、それを一番、研究し対応を図ったのは中国であった。ゴルバチョフは、準備もなく政治・経済・文化・情報に至るすべての分野における改革を、同時に進めようとしてソビエト社会を混乱させ崩壊させた。これを見ていた鄧小平らは、①経済改革だけを先行させ、まず経済の立て直しを進めて民政を安定させる。それも一気に全国的に進めるのではなくではなく、深圳などの特定の地域を経済特区として、そこで実験的に進め、それを基に次第に全国へ広げるという進め方を行った。②引き続き中国共産党の一党制を堅持し「それを否定する動きは断じて認めない」と天安門事件（一九八九年六月四日）などの弾圧を行い、今日に至っている。

懇談終了後、学生実態を知るための一環として、経済学部棟の学生食堂で昼食を食べた。食堂ではスキー場のレストランと同様に順番におかずなどを取り、最後に支払うのであるが、いかにも「ロシアのおばさん」と思われる太った女性が座っていて計算機で足し算をして、お金を受け取っていた。学生達はエリート意識や深刻ぶった態度はみじんもなく、明るく屈託のない青年たちであった。

食後、スターリン時代に建てられた巨大な本部棟を見に行ったが、工事中で中には入れなかった。

スターリンはニューヨークの摩天楼に対抗するためにスターリン様式という、威風堂々の巨大な建築物を建てさせた（一九三三年から一九五五年）。当初一一棟の建設が予定されたが予算不足で七つにとどまった。モスクワ大学の本部棟もそのうちの一つで、最も巨大な建物の一つである。建物は一九五三年に完成し、一部の文系の学部以外は市内中心部から現在の地に移転してきた。

正面の中心棟は高さ二三六m、三二階建て、正面の幅は四五〇m、その両端にある一七階の建物は学生寮になっているそうである。大学の校舎としてはおそらく世界最大であると推察される。

モスクワ大学の敷地の端に「雀が丘」と言われる高台がある。そこからモスクワ市内が一望でき、要所要所に先のスターリン様式の建築物が見えた。同時に資本主義化したロシアを象徴するかのように、町の中心部に巨大な高層ビル街（ビジネスセンター）が形成されていることも分かった。

なお、この「雀が丘」は、ナポレオンがロシアに侵攻し、モスクワに入り占領したとき、この丘からモスクワを見下ろしたことでも有名な場所で、絵画や映画にも描かれている。

広大なキャンパスの中を行けども、行けども外に出られないで、一時間以上歩いて最寄りの地下鉄の駅に着いた。構内を歩いている途中で「工事かな」とみると、建築・土木工事ではなくキャンパスで「光のショー」を行うために、光発信装置や音響装置の取り付け、仮設トイレ設置の工事を行っているようだった。モスクワでは音楽入りの光のショーが流行っているようで、その後、夕暮れの街を移動していると、あちこちで建物をバックにそうしたショーが行われていた。多分予算が削減されているモスクワ大学でも巨大な本部棟を使った光のショーが行われ、なにがしかの使用料金がモスクワ大学に支払われるのであろう。

一旦ホテルに戻って繁華街に出るには時間がかかりすぎるので地下鉄を二駅移動して、まだ五時と少し早いがボリショイ劇場の近くのロシア料理レストランで夕食を食べ、再び地下鉄に乗ってホテルに戻った。この地下鉄のもう一つの特徴は駅と駅の間の距離が長いことである。降りた駅からホテルまで小雨降る夜道を一kmぐらい歩いて帰った。

クレムリンならびにレーニンゆかりの地を訪ねる（九月二三日）

クレムリンとは砦という意味で、最初はその城壁の中、やがてその周辺にも町が形成された。ロシアの代表的な大きな都市にはクレムリンがあったが、現在まともな形で残っているのはモスクワのクレムリンをはじめとして六つぐらいだそうだ。

モスクワ河の川べりの小高い丘の上に建設されており、まさに地の利を生かした築城である。城壁の中には王宮、四つの教会（戴冠式や結婚式、葬儀も行われていた）、皇族の住まい、行政府棟、議会棟などがあった。一九一七年の革命後の一九一八年、それまでの首都であったペテルブルグから首都がモスクワに移されたとき、ソビエト政府と共産党の幹部はクレムリンに入った。以後「クレムリン」はソビエト共産党・政府を表す言葉にもなった。ソビエト時代は厳重な警戒の下、一般人は入れなかったが崩壊後は大統領府などいくつかの建物を除いて一般公開され観光地になっている。

革命初期の混乱期において共産党と政府の要人の安全を図るために、クレムリンに入ったのは、やむを得ない措置だったと考えられる。しかし元の封建的皇帝の居城に、一党制の党と国家が一体となった指導部が入って、政務・党務のみならず生活までしていれば、入れ替わった絶対的支配者として意識がむしばまれていく危険があった。それも数年ではなく何世代にもわたって、何十年も続けば新しい絶対的支配者意識が形成されることは明確である。

中国革命も同じであった。毛沢東率いる中国共産党ならびに政府の要人達は七〇〇年間、明ならびに清の王城であった紫禁城の最高行政官たちが住んでいた中南海に居を移し、そこから全中国への指令を発した。封建的性格を強く持った党・政府一体型の国家運営に陥っていった。ちなみにベトナムのホーチミンは革命後、行政府（大統領官邸）の近くの竹林の中に二階に寝室（浴室付）と書斎、一階に食堂兼会議室、厨房だけという極めて質素な建物に住んでいた。

「武器庫」を覗いた。もともと刀剣や鎧兜、銃などを作る工房であったが、精巧な武器を作る技術を生かして王冠や勲章などの高度な工芸品が作られ、やがて戴冠式用の王冠などを保管する場所も整備され、それが今日の「武器庫」となった。つまりロマノフ王朝にまつわる宝物の保管場所となり今日では博物館となっている。各国大使館からの寄贈品もここに収められており、一七世紀から一九世紀にかけてのヨーロッパの王族たちの高級工芸品が展示されている場所であった。後いくつかの聖堂を見学した。大きな音が聞こえて来て大勢の人々が集まってきた。聖堂の間にある広場で軍楽隊や騎馬兵を含む儀仗兵のパレードが始まった。観光地化した現在のクレムリンのアトラクションなのであろう。

そのあと、以前は要人専用の入り口であった門から「赤の広場」に出た。ロシア語のクラースナヤは「赤い」という意味と「美しい」という意味を持っていて、ロマノフ王朝以来「美しい広場」と言われていた。日本語に訳すときに革命と結びつけて「赤の広場」と訳したようだ。だから社会主義を放棄した今でも、クラースナヤ（美しい）広場と言われている。城壁に接して広場の端にレーニン廟がある。ガイドが「入りますか」と言った。私は個人的には亡骸をさらけ出してみせるという感覚にはなじまないが、歴史的遺物として見学することにした。一九二四年一月二一日にレーニンが死去した。レーニンの妻であるクルプスカヤなどの家族の反対にもかかわらず、スターリンは民衆の間でレーニンの神格化と、その後継者としての自分を押し出すために亡骸を永久保存し公開して国民に拝ませた。

毛沢東やホーチミンが亡くなったとき、ソビエトは技術支援して天安門広場に毛沢東廟、ハノイの解放広場にホーチミン廟を建設した。ホーチミンは遺言としてそのような物を作らないように指導部に託していた。ベトナム共産党はその意思をソビエト共産党に伝えたが、ソビエト共産党は「ベトナム戦争での援助」を盾にその建設を押し切った。私は毛沢東廟もホーチミン廟も訪ねたことがある。いずれもはるか離れた農村から多数の農民が長蛇の列で参拝に来ていた。亡骸をひからびさせないで展示するために「〇〇の技術を使って」などと言われているが、私の目から見るとどう見ても蝋人形であった。今回、その元祖と言うべきレーニンの亡骸を見た。時代が古いせいか、毛沢東やホーチミンの物以上に出来上がり水準の低いものに見えた。一九二四年当時、亡くなった人を腐敗も型崩れもないままに公開展示できるような状態で永久保存できる技術があったとは考えられない。どう見ても考えても蝋人形としか考えられない。「いやそうではない」と言うなら、納得させる科学的技術的説明をしてほしいが、レーニン廟にも毛沢東廟にも、そしてホーチミン廟にもそのような科学的説明板はなかった。

なお、レーニン廟しか見ていない人にはわからないと思うが、毛沢東廟、ホーチミン廟と比較すれば明確に小さなものである。レーニン廟はレーニンが亡くなった直後の一九二四年八月に木造の廟として建設され、一九三一年に現在の花崗岩造りの廟となったが、地上一階、地下一階程度の小さな建物で、地下の薄暗い部屋の亡骸部分だけに、少しの光が当てられて安置されている。その場をサッと移動しなければならないので、どのような保存方法なのかという観察はできない。ホーチミン廟は解放広場に四階建てぐらいの目立つ形の鉄筋の建物で建てられている。毛沢東廟に至っては、天安門広場の真ん中にこれ見よがしの巨大な建築物として建てられている。もともと明ならびに清の七〇〇年に及ぶ歴代皇帝の王宮であった紫禁城の正門であった天安門に至る直線道の真ん中に建てられた。少なくない中国人はその不遜さに納得していない。

レーニン廟と城壁の間には土葬された幹部の集団墓地とともに、火葬された幹部の氏名が壁に刻み込まれ、その下に遺灰が埋められているそうである。壁には日本人では共産党創立者の一人でコミンテルンの幹部であった片山潜の名前があった。

スターリンの墓もあった。たしか「スターリン廟がレーニン廟の横にあったが、それが撤去された」という記憶があったが、あいまいであったので、詳しい人に聞いて思い出した。一九五三年にスターリンが亡くなり廟が建設され、レーニン廟とともに参拝されていた。しかし一九五六年フルシチョフによってスターリン批判が行われ、一九六一年にスターリン廟は取り壊され、他の幹部と同様の墓にされた。

現在、私はフルシチョフ改革について再検討すべきと思っている。フルシチョフがアメリカ帝国主義を過小評価した平和共存を述べ、その具体化として部分核停条約に調印し、日本などに押し付けた。そうした面からだけ見ると「フルシチョフの解任は修正主義の破綻」だと当時、日本国内の革新勢力はそう見ていた。しかしソ連国内においてはスターリン批判を行い硬直した官僚的社会主義の行き詰まりを打開するために、市場の活用や、利潤率の導入、遅れた農業の立て直しなどの改革を進めようとしていた。ただ彼の性格もあってアイデアとしては認められても、思い付き以上の物ではなく、精密な計画による実施が伴わなかったために、数年で破たんしたものが多数であった。それに対して既得権益を持っていた党官僚の守旧派が結束して引きずり降ろした事件であった。このときに改革へ進んでいたらソビエトの事態は多少は変わっていたかもしれない。日本の外交問題の視野だけではソビエト社会で起ころうとしていたことが正確に見えていなかったのだと思う。ただ当時、日本の革新勢力は外交的批判だけではなく「市場の活用」や「利潤率の導入」も修正主義として批判していた。なおフルシチョフは歴代の共産党の書記長の中ではただ一人クレムリンの壁に葬られていない。

ところでクレムリンや赤の広場を見学した私の第一印象は「意外と小さなものなのだ」という感想である。中国の紫禁城ならびにその前の天安門広場には何回となく訪ねている。その広大さから比べるとクレムリンや赤の広場は比較にならないぐらい狭く小さい。

私が建物の巨大さに驚かされたのはチベットのポタラ宮殿である。小高い丘の斜面を利用し高さ一一五m、東西三六〇m、南北三〇〇m、総面積四一㎢の宮殿で、その中にチベット仏教の政教一致の政務庁と仏教施設が合体して形成されている。紫禁城やクレムリンの中にある建物などと比較できないほどの巨大な建物である。チベットは今でこそ中国の辺境の地として扱われているが、七世紀はじめにチベット族（遊牧民）を統一してできた吐蕃の全盛期には唐を上回る大帝国であった。今でもチベット自治区は中国最大の面積を持つが、当時は現在の雲南省、四川省、青海省、甘粛省もその領土とし、唐の皇帝とネパール皇帝の娘の二人を妃としていた。ポタラ宮の中に歴代のダライラマを祭る仏塔が安置されている場所があるが、その巨大さ、金箔で覆われた仏塔を飾る宝石の大きさと数には圧倒された。歴史を現在の大国中心の歴史観から見てはならないことを思い知らされた体験であった。

昼食後、レーニンゆかりの地を訪ねた。道中の車の中でロシア人のガイドに質問した。

「社会主義の時代と今と比較するとどうですか」

「私たちが一番困ったのはエリツィンの時代です。物はなくなるし、物価は上がるし、明日の生活をどうするかという状態でした。今は一応安定しています。社会主義時代と比較して、最も良い点は、自由になったことです。例えば、社会主義の時代には、お客さんから物をもらえば、すべて上司に報告し、多くの場合、納めなければなりませんでした。今はお客さんから何かプレゼントをもらっても、いちいち報告する必要はなくなりました」

一九一八年レーニンはテロリストにピストルで撃たれ負傷した。以降、その療養もありクレムリンではなくモスクワ郊外の森の中にあった家に移り住み、そこで療養しながらクレムリンに出向いていた。その家を見るために出かけた。ソビエト崩壊から既に二五年がたった今となっては、訪ねる人はほとんどおらず、ましてや、はるかな外国である日本から訪ねる人など例外的であると思われる。私たちが訪ねたときには我々以外には三組ぐらいが来ていただけであった。

家は元々、ロシアトップの資産家と言われていた人の未亡人が所有していた物であったが、革命後国有化されていた建物であった。そこにレーニン、夫人のクルプスカヤ、それにレーニンの世話の必要もあり、弟と妹、甥が同居した。

私が想像していたよりもずっと立派な館で、温水がでる男女別々のシャワー、バスルーム、ヨーロッパから取り寄せられた高級家具もリニューアルされていたこともあって、まさに貴族の別邸の趣がある建物と調度品であった。その後、レーニンは脳梗塞で倒れ、右半身が不自由となりここで暮らしながら、電話や文書でスターリンの横暴と生涯最後の闘いを展開していたが、一九二四年、三度目の脳梗塞で生涯を閉じた。館のそばに車庫があった。館からクレムリンに向かうために、ロールスロイス社に特別注文して作られた積雪の冬も走行可能な車が保存されていた。後輪はゴム製の大型キャタピラ、前輪にはそれぞれソリがつけられていた。その車の横には最新式の電動式の三輪車椅子があった。最晩年のレーニンは明らかに特別な配慮の下に暮らしていたことを目のあたりにした。

見学を終えたとき、このような場所を訪ねてきた珍しい外国人であると思ってか、説明していた人が「少し離れた場所に、社会主義崩壊後、クレムリンは一般開放され、レーニンが住んでいた場所を含め、関係の物を移設した資料館があります」と語られた。計画外であったが「折角来たのであるから」訪ねることにした。居住していた館のようにリニューアルしていない建物なので、外壁のあちこちに痛みが見えていたが入ってみた。クレムリンの行政府（現在、プーチン大統領府となっている）の建物の中にあったレーニンの居住区ならびに仕事場の関連施設が復元されていた。

レーニン記念館の前にて

クレムリンの中にあったレーニンの居住区と仕事場は狭く質素なものであった。居住区の寝室、書斎、食堂はいずれも六～八畳ぐらいの部屋で、ベッドや家具もごくありふれた質素なものであった。近接して妻のクルプスカヤ（教育省の仕事をしていた）、妹のアンナ（プラウダの編集局にいた）の部屋もあったが、いずれも一〇畳ぐらいの一間であった。この当時、レーニンが受け取っていた給与も一般労働者の一・五倍ぐらいのものであったそうである。スターリン時代になって高級幹部の給与の制限事項はなくなり、公表もされなくなった。

最晩年に療養を兼ねて暮らしていた瀟洒な貴族の館を見た後では、なんとなく「こっちのままでいてほしかった」との思いを抱いた。

私に馴染みがあった部屋は、ソビエトの最高幹部会議の部屋であった。革命直後に会議の後に記念写真を撮った物を見たことがあるが、その通りであった。机も椅子もその当時のままのものであった。レーニン自身は九カ国語を読み書き喋れたそうだが、一七カ国の本や資料があちこちの本棚に置いてあった。図書カードの棚があったが、それらの蔵書についてレーニン自らがカードに記し、どの本がどこの本箱にあるかわかるようにしていたそうである。

我々以外には誰も訪ねてこなかった施設であったが、廊下の本棚の一角に孫文をはじめとする中国革命関係の資料が並べてあった。レーニン存命中に孫文を含めて中国の革命家との交流はなかった。この記念館ができた後に中国が「寄贈」したものと思われる。ホテルに着いた頃には夕闇となっていたので出かけず、ホテルの食堂で夕食を済ませた。

イタリアのミラノならびにトリノへ移動（九月二五日）

早朝五時にホテルを出て、モスクワから飛行機でイタリアのミラノに向かう。昼食をミラノ市内のレスランで食べ、後、歩いてミラノ市内を見学した。街は一八〜一九世紀初頭、なかには一四〜一五世紀の四〜五階建ての石造り建物が整然と並び、モスクワ同様にヨーロッパ独特の近世都市の町並みである。感心したのは、次に行ったイタリア第三の都市トリノも同様であるが、市電が走り、町並みに息づいていることであった。低床式の真新しい市電が縦横に走りまわっている。

ガッレリアというアーケード型ガラス天井のアーケードに覆われた商店街を歩いて通り抜けた。両側の四～五階建ての建物の間の道を覆うアーケードであるが、石造りの建物にマッチしている。記銘板を見ると一八七七年完成とあるから明治維新のわずか九年後である。その技術もさることながら、その財力に感心させられる。入っている個々の商店の負担で建てれば到底「採算」などあうはずのものではない。市当局か教会が作ったのであろう。

白亜のドゥオーモ

アーケードを抜けると広場に出た。左側に白亜の巨大な教会・ドゥオーモがあった。広場を見渡した後、教会の中に入った。外から見ても大きいが、中に入ると天に届くかのような壮大な教会建築の空間が広がり、パイプオルガンの荘厳な教会音楽が流れていた。ヨーロッパ文明の基層を流れるキリスト教文明の圧倒的迫力である。私は旧約聖書も新約聖書も読んだことがあるが、特段の感動を受けなかった。ヨーロッパの壮大な教会建築と荘厳な教会音楽に出会うたびに感じ入るところがある。多分キリスト教信者は、もの心が着く幼少の頃から親たちに連れられて教会のミサに通い、自然な信仰心を持って育つのだろう。信仰は理屈ではなく、生活習慣と結びついて育つ感性が大きいと思う。キリスト教徒にとっては、教会建築と教会音楽がそれをいざなうものであるのだろう。このドゥオーモは一四世紀後半に着工され、完成したのは一九世紀初めのナポレオン統治の時代である。実に三〇〇年以上の歳月を費やして建設されたのである。キリスト教徒の教会建築に対する執念ともいうべき情熱に改めて感心させられる。予てから私は「建築と音楽はヨーロッパだ」という思いを持っていて「建築と音楽に関しては日本やアジアはヨーロッパにかなわない」と言って来たが、このドゥオーモを観て改めて、その感を強くした。

教会見学の後、もう一度、広場、そしてガッレリアを抜けてオペラの殿堂スカラ座前に行く。ガッレリアではファションの町ミラノらしく、モデルによってファッションショーが行われていて観光客を喜ばせていた。スカラ座は一七七八年に建てられたが一九四三年に空襲によって破壊され、一九四六年に再建されたそうである。続いて、世界遺産のサンタ・マリアデッレグラツィエ教会に入ったが、予約の関係で「最後の晩餐」は見られなかった。

後、チャーターしたバスで高速道路を三時間半ばかり走りトリノに向かう。ミラノもトリノもイタリア北部の代表的な町であるが、北をスイス、西をフランスと国境を接している。曇り空ではあったが、雲が切れると北西にヨーロッパアルプスの山並みが見えた。ホテルの手続きを済ませた後、歩いて行けるレストランで夕食を取る。そのとき、この近くにグラムシの名を冠した通りがあるというので探した。確かにグラムシ通りと記されていた。見ていくと、店のネオンにグラムシと書いてあるレストランがあった。店の従業員に聞くと由来は良く知らないが「多分、グラムシ通りの前にある店なので、そう名付けたのではないか」ということであった。

モーレ・アントネッリアナ寺院の尖塔より見るトリノ市街地

トリノ散策とアグリツーリズムレストランへ（九月二六日）

朝食後九時から一一時までトリノ市内を散歩した。ポウ川沿いを歩き、モーレ・アントネッリアナ寺院の尖塔（高さ一六七・五m）の内部に付けられたエレベーターに登り展望台に上がる（高さ八〇mぐらいか）。そこからトリノ市内が一望できる。トリノは人口八七万人でイタリアではローマ、ミラノに次ぐ三番目に大きな町であるが、中世から近世にかけての都市計画に基づいて京都同様に縦横に碁盤の目のように道路が走り、バロック様式の建物が保存されている様子が良く判る。アジアでは近代化＝古い建物や町並みが破壊され実用本位の鉄筋コンクリートの建物が所狭と建てられているが、ヨーロッパでは、近世、中世の建物の外観はもとのまま残して、中を現代風にリニューアルして使うようにしている。新しい建物を建てる場合も、周りの建物との調和から高さを規制し、外観も同様にするように規制されている。近代ビルも大概の場合は高さが制限されている。

町並みや建物を歴史的遺産として誇りをもって継承する文化が根付いている。第二次世界大戦で破壊されたときも、ワルシャワをはじめ大概の町では、元の町並みの地図、絵画や写真を集め、可能な限り再現してきた。

ヨーロッパ大陸は異民族の移動・侵入による戦争、カトリックとプロテスタントによる宗教戦争など幾たびも繰り返されてきた。そのため多くの場合、「城壁の町」が作られ、城壁の中には王侯貴族だけではなく市民も住んでいた。中国もそうである。日本では城の中に住んでいたのは戦国大名と臣下の武士だけであった。したがって大名間の戦争のとき、城の攻防を担うのは武士だけであり庶民は遠くから傍観していた。しかしヨーロッパや中国の城壁の街では、敵に攻められると兵士だけではなく城内にいるすべての者が闘わざるを得なかった。したがって都市住民と城外の農民などは、大きく区別され、野菜を売りに来た農民たちは朝の開門とともに城内に入り、夕方の閉門までに出て行かなければならなかった。今でも中国人は城内の人間と城外の人間を区別するし、その歴史的経緯のうえに毛沢東時代から現在まで、都市戸籍と農民戸籍の区別が行われてきた。

ヨーロッパでは町の中心には広場があり、その周りに王宮、教会、市庁舎、オペラ座などが建てられた。したがって王宮も日本の城のように堀や石垣で隔てることはなく、市中に建つマンションのような風景である。限りある城内に市民が住むために、建物は四～五階建で建築された。家には庭がないかわりに街のあちこちに公園が作られた。したがって城壁の中の町は公共財であり、住民の共同の生活空間として大切にされてきた。だからこそ戦争で破壊された後、誇りと愛着をもって市民的取り組みとして元通り再建されてきた。

一一時にタクシーに分乗してトリノ郊外にあるアグリツーリズムのレストランを訪ねた。日本でいう「地産地消」と少し似たところがあるが、ワイン農家などが自分のところで作ったワインや野菜を提供しながら、その地方の料理を食べさせるのであるが、生活スタイルの見直しの面もある。アメリカ流のファーストフードではなく、昔のイタリア人のように地元産の食材を使い、伝統的な郷土料理を作って、ゆっくりおしゃべりしながら二時間ぐらいかけて食べるという文化・生活スタイルである。私たちが訪ねたレストランでは野菜やワインは言うに及ばず、鶏や牛も自分のところで飼い、その肉や卵、乳、自家製のチーズやハムを使って料理を提供していた。食後、農園、家畜場などを見せながら説明してくれた。子供連れのために飼っている羊やヤギなどと遊ぶコーナーも設けられていた。イタリアの伝統的な食生活を現代的に再生する運動のようで根付いてほしいし、日本でもこのような取り組みが広がることを願う。

古色のグラムシ研究所

グラムシ研究所を訪ねる（九月二七日）

グラムシ研究所の建物は一四世紀に建てられたレンガ建てで、補強工事をした上で内部を現代的にリニューアルしたものであった。

午前九時から懇談を開始した。相手側の出席者は、聴涛弘さんが若いころモスクワで交流していた元共産党の上院議員（一期は五年の三期目の途中で降りられたので在職は一二年だったそうである）のロレンティォ・ジャノッティ氏、我々の中にグラムシの専門家がいて、あらかじめ非常に細かい専門的な一七項目にも及ぶ質問を送っていたので、グラムシ研究所のセルジオ所長、トリノ大学の近代史担当でグラムシ研究者のジオバンニ・カルピネリ教授、トリノ大学の副学長でグラムシ財団の理事長であるセルジオ・スカムジ教授という豪華な顔ぶれが出席された。

前半の二時間はジャノッティ氏を中心にEUの現状、ヨーロッパの左翼勢力の状況などについて、あらかじめ送っておいた質問項目に沿いながら質疑するというやり方で行った。

続いて次の二時間はグラムシについて懇談した。

（1）ジャノッティ氏の話の概要

以下は最初の二時間の報告、昼食時の二時間の質疑、夕食を食べながらの五時間に及ぶ会話のエッセンスを私が統一的にまとめたもの。夕食時に出た「北方領土問題」だけは別に記した。

①EUは、将来は連邦になることをイメージして作られたが、単一市場にとどまっており、税制・財政・労働法制などが異なるままで、物・金（資本）・人（移民）の自由移動を進めたが、安い労働力確保のために行った移民問題がもたらす問題について十分な対策を立てないままに急激に広げたことによる矛盾が噴き出してきた。

経済の展望では、ドイツそして北欧は、今のところまずまずに進むと思われる。東欧はある種の新興国であり、成長率という点では当面は大きな困難には直面しないだろう。問題は南欧だろう。引き続きギリシアのような事態が起こるだろう。イタリアやスペインも同様の問題を抱えていることは周知のことである。

②新自由主義の進行でEUにおいても格差が広がり、三分の一の人々が不正規労働者となり移民の増加もあり、困難層を基盤に排外主義的ナショナリズムが広がり、既成政党に困難が生じている。EU圏、とりわけ西欧において成長が止まり始めている。成長を前提に年金をはじめとする社会福祉制度が作られてきたが、成長鈍化と高齢化の進行は社会保障制度の縮小に向かわざるを得ない。経済成長を前提として福祉の拡充を求めてきた従来型の左翼・労働組合の後退は著しい。逆に低所得者層ならびに崩れてきている中間層の間では、排外主義的

極右勢力が急速に支持を広げている。ＥＵ全体がそうであるが、中国をはじめとする新興国に追い上げられている。その点で産業のイノベーションが必要である。その基盤となる新エネルギー政策、物流革命、最先端の科学技術の研究と実用化が求められている。とりわけ世界で最初の福祉社会を作りあげたヨーロッパが新しい福祉社会をつくり、世界の最先端とならなければならないだろう。

③イギリスのＥＵ離脱は、ＥＵによる移民の自由化に対する反発が、ＥＵに対するイギリスの国家主権回復を求める世論として進んだ。ロンドンをはじめＥＵとの経済統合により市場が広がり利益が上がったと考える層が多い地域では残留派が多く、逆に従来型の製造業が多く工場労働者が多い地域では離脱派が多かった。

労働力不足の西欧においては中期的にみれば移民政策は必要である。問題はここ数年の増加が急激すぎ、文化・言語・生活において対応が遅れ摩擦が起きている。従来、ドイツはトルコからの移民が中心で比較的うまくいっていた。イギリスはＥＵ内、とりわけポーランドからの移民が多く、極端な問題は比較的少なかった。問題はフランスで、旧植民地からの移民が多い。旧植民地では暴動などが起こるとフランス軍が空爆などで抑圧してきた。そうした国々からの移民はフランス社会での差別政策とも結びついて、一部にテロ等に走っている者がいる。それをブッシュ流の「これは戦争だと」と空爆をさらに強化するやり方では一層矛盾を深めるだけだ。テロには国際的に共同した警察的方法で対応しながら、何よりも旧植民地で安心して暮らせる施策、フランス国内での処遇改善を図らなければならないだろう。イスラム教徒の移民問題も長い目で見れば解決できる。これは宗教問題ではない民主主義の問題であり経済問題でもある。

④ロシアは東欧支配から手を引きワルシャワ条約をやめるとき、西側は東欧をEUましてや、NATOは加入させないと約束したにもかかわらず、EUさらにNATOに加盟させた。これはロシアにとっては西側の裏切りであり、ロシアと西欧との間の緩衝地帯をなくすことであり、絶対に許せないとの思いであった。ロシアの国力の回復、オバマ米大統領が「世界の警察をやめる」と宣言する下で、ロシアは公然とシリアのアサド政権を支持した。そしてクリミアの併合、東ウクライナを緩衝地帯にしたいとの行動に踏み出し緊張を高めた。西側はクリミア問題を放置するだろうし、ウクライナの「事実上の東西分割」も黙認する可能性がある。むしろ焦点はポーランドとバルト三国だろう。

ヨーロッパの停滞ないし困難化の下で、大国化した中国がギリシアのアテネの港湾施設を買収するなど様々な形で進出してきているが、EU側の対応が定まっていない。ユーラシア大陸に復活してきたロシアと中国という巨大国に対して、EUには統一した対応が求められているにもかかわらず、それができていない。

⑤一九九一年のソビエト崩壊後、イタリア含め西欧の共産党の大半は「社会民主党」に改組し、名前も変えた。今日EUにおいては「社会主義」や「共産主義」という言葉は死語となって

いる。ましてや社会主義や共産主義を目標とする運動や組織は事実上ない。さらに問題なのは、この十数年の間にヨーロッパでは政党を巡って新たな事態が生じている。従来の保守党あるいは自由党、労働党あるいは社民党などの既成政党に対して、極右政党を含めて新たな党が発足し、あれよ、あれよという間に第二党、ある場合には第一党となる状況が生まれている。イタリアにおいてもローマそしてこのトリノでも、最近できた「五つ星」という政党が市長選挙で勝利した。グローバリゼーションが作り出した社会問題が背景にあると考えられているが、それだけかどうかも深く検討する必要がある。

（2）グラムシについて

グラムシ研究の専門家であるカルピネリ教授から「細部の質疑応答に入る前にイタリアにおけるグラムシ研究の三つの歴史的段階について説明しておきます」と言われて、約四〇分程要領よく説明され、続いてトリノ大学副学長でグラムシ財団理事長のスカムジ教授から補足説明があった。それら二つの報告を基に私流に整理した。

①グラムシは一八九一年に生まれ一九三七年に亡くなったイタリア共産党の創設者の一人で一九二二年から二三年にかけてイタリア共産党を代表してモスクワに滞在しコミンテルンの執行委員を務めた。しかしムッソリーニ政権によって逮捕状が出され帰国できなくなり、スイスに亡命していた。一九二四年下院議員に選出され国会議員の不逮捕特権を活用してイタリ

アに帰国したが、一九二六年ムッソリーニ政権によって二〇年四カ月に及ぶ禁固刑に処せられた。禁固刑であったことや、友人などの支援で書物の差し入れが行われ、執筆をつづけることができ、獄中で三三冊に及ぶ思索ノートを書いた。一九三七年に釈放された直後に脳溢血で亡くなり、生前に発表された著作はない。
②第一期、戦後、友人であったトリアッチの手によって、もともと断片的な思索ノートであったものを項目別の六巻に編集され『獄中ノート』として出版された。ソビエトがスターリンの手によって官僚主義的社会主義になっていることがヨーロッパで知られるにしたがって、ヨーロッパ・イタリア独自の改革の道が模索され、次第にグラムシの著作は関心を持たれた。
③第二期、一九五六年にフルシチョフによってスターリン批判がなされ、ヨーロッパの共産党においてレーニン型の革命、スターリン型の国家建設に対して疑問が広がる中で、グラムシの著作は改めて注目を浴びた。戦後まもなくトリアッチによって編纂されていたグラムシ選集にはスターリンに対する批判的部分は削除されていたが、一九六四年以降の物にはスターリンの言動を批判する部分も掲載された。
④第三期、ソビエト崩壊後、新たな視点でグラムシ研究がすすめられた。
これ以上は専門的なことなのでここでは省略する。ただ質疑の中で明らかになったことであるが「現在のイタリアにおける社会運動においてグラムシはどのように扱われているか」との質問に対して「まったく、問題にはなっていません」「歴史的研究の対象となっているだけです」と

回答された。「ただトリノ大学出身でイタリア並びに世界的に影響与えた思想家として、トリノにおいては敬意をもって扱われています」と補足された。

私としては、ここで日本とも関わって、この問題について触れておきたい。

先に記したように、日本では一九六一年当時、日本における革命の展望とかかわって構造改革論が出されたとき、論者からグラムシの理論が紹介された。しかしそれらの論者からは対米従属の過小評価、直接社会主義革命論が提起されたために構造改革論が否定され、グラムシも顧みられなくなった。しかし構造改革論が提起したレーニン型でない革命、議会を通じて一歩一歩社会を変えていく、その場合、政府の立法作業と呼応し労働組合などが下から支え変革していくという提起は、その一〇年後に日本共産党によって提起された「人民的議会主義」の内容に照合するのであり、「構造改革論」＝修正主義と否定すべきものではなかった。

構造改革論＝修正主義という考えは、同時にグラムシの考えはレーニンに敵対する修正主義議論という理解を広げたが、これも誤解であった。グラムシは一九二二年から二三年にコミンテルンの執行委員としてモスクワにいた時分、レーニンとも交流している。そして両者は互いに敬意を表していたし、グラムシはレーニンのロシア革命を支持し『国家と革命』も評価していた。

グラムシは、ロシアなどは、専制国家と「国民」という二分された社会であり、革命はレーニンが進めたように古い国家機構を打倒し、新しい革命政府を樹立することから始まると認めていた。しかしイタリアを含めた西洋では、国家機構は議会、政府、裁判所と多岐にわたっている。支配階級は単に抑圧機構だけによる支配だけではなく、教育、マスコミなどを通じて支配の合意を得る作業を行っている。また専制国家のように国家と市民の二分ではなく、その間に自治体や商工組合、協同組合などの様々な組織がある。したがってイタリアなどの社会変革は国家権力の奪取だけを目的とした闘争ではなく、イデオロギー闘争、自治体のイニシアチブを獲得するなど、多様な闘いを持続的に進めなければならないと説いていた。もちろんグラムシの議論は長い獄中生活の中で書かれたもので観念的にならざるを得なかったし、一九三〇年代という時代の制約を受けたものであり、その主張を全面的に正しいか正しくないかの議論ではなく、新しい現実に立ち向かう精神として大切である。

グラムシがそのように考えたのは一部の論者が主張したような、ロシア革命ならびにレーニンの否定からではない。イタリアにおいて初期の共産党がロシア革命の機械的適用として権力奪取の教条的極左的方針を採用して国民の支持を得られていない間に、ムッソリーニが地方自治体のイニシアチブを獲得するなどして社会改革を行い、それを通じて国民に支持を広げ、暴力的方法でなく政治・選挙闘争を通じて政権を獲得した。政権獲得後、一方で労働者保護や公共事業の推進などで国民の支持を広げながら、独裁体制を確立していき政権の力を使ってグラムシ等反対派を逮捕し投獄したのである。こうした痛苦の体験からグラムシはイタリアなどの先進国における社会変革の道を探求しようとしたのである。なおムッソリーニはヒトラーと違って、いまでも国民の中に根強い支持があり、国家ファシスト党の後継となる党が存在し、一定の支持を獲得している。要研究課題である。

これは日本などの実態を見れば、多くの点で妥当な考えである。グラムシを含めて今日的な社会変革の道を探求しなければならないのだろう。

いずれにしても通訳者が入るので到底時間は足りなかった。シャノティー氏から「足りない分は昼食を食べながら」ということで、約二時間の昼食中も先の討議の続きとして三時過ぎまで質疑応答を続けた。ホテルに戻る途中、各自土産物などを購入したが、私はエジプト博物館を覗いた。エジプトに関しては大英博物館に次ぐコレクションを持つ博物館である。到底一～二時間で見学できるものではないが、折角なので見学することにした。

なぜイタリアにそれほど大きなエジプト博物館があるかといえば、イタリアがナポレオンの統治下にあった当時、ナポレオンによるエジプト遠征が行われ支配下においた。そのとき、イタリアから従軍した士官たちが大量の遺跡を略奪しイタリアに持ち帰った。それが契機となり多くのイタリア人がエジプトを訪ねる度に持ち帰り、今日のコレクションとなったそうである。

夕食前にカルロ・エマヌエーレ二世広場前のグラムシが住んでいたアパートを訪ねた。現在はリニューアルされ三ツ星ホテルとなっていた。一四世紀に建てられた建物で、最初はユダヤ人のための職業教育の学校用施設として建てられたとのこと。グラムシの頃には安いアパートとして使用されていて、グラムシは学生時代ならびにイタリア共産党代表としてモスクワに行くまでの七年間ほど暮らしていた。建物の表の壁にそのことを記す銘板がはめ込まれていた。取り壊しの話もあったが、再生して利用することになりホテルとなった。その際、市民の運動があり、二部屋を「グラムシの部屋」として関係の図書や写真を収蔵するとともに研究会などを催す部屋として使用することが決まったそうである。もはや共産主義は過去のものとなったイタリアであるが、郷土の歴史を大切にするトリノ市民の心意気である。

ただその話の中で、この建物が一時期ユダヤ人のゲットーとして使われていたということを聞いた。それも第二次世界大戦時のことではなく、イタリア統一前の分立時代のことである。当時、ローマ、トリノ、ミラノ、ベニス、フレンチなどイタリアの代表的な街にはユダヤ人ゲットーがあったそうである。これは私にヨーロッパ文明、キリスト教文明というものについて改めて考える必要を痛感させた。シェークスピアに「ベニスの商人」という作品がある。ユダヤ人小金貸のあくどさを描いた作品である。いまから八〇〇年も前の作品である。シェークスピア自身はユダヤ人に遭遇したことはないにもかかわらず書いていたのである。キリスト教確立以来のユダヤ教との抜き差しならない根本問題がある。キリストはユダヤ教徒であった。その彼が従来のユダヤ教の因習、司祭らの権威主義から次第に離れて自らの教義を確立していったが、それをよく思わなかったユダヤ教司祭たちによってローマに引き渡され磔付けにされて殺された。それが、キリストが人類の罪を背負って磔となり、やがて復活するという教義となっていった。従ってキリスト教徒にとっては、ユダヤ教は許されざる宗教であるとする考えが生まれやすく、二〇〇〇年来、キリスト教徒によるユダヤ教徒に対する排斥は幾度も起こった。これは私をふくめたキリスト教徒でない日本人には分かりにくいことであるが、ヨーロッパの歴史を考える場合には重要な要素として考えなければならないのだろう。

夕食はジャノッティ氏を囲んで七時から深夜の一二時近くまで約五時間にわたり、そこでも議論が続いた。ジャノッティ氏は「先ほどまでは、主として私がイタリアとヨーロッパの問題について質問を受けました。今度は私の方から日本の問題について質問したい」と述べられ、「北方領土問題」「安保法制問題」などについて質問された。ここでは、その内「北方領土問題」だけに限定して記しておく。

ジャノッティ氏と我々の認識が一致したのは「一人勝ちしている」安倍首相とプーチン大統領の二人が在職している内がチャンスであり「今の時期を逃せば、問題解決は極めて難しいだろう」ということであった。

違ったのは、ジャノッティ氏は「ロシアは広大な領土を持っている。日本から経済協力が得られるなら、四島返還は行うのではないか」という予測をされた。それに対して私は「領土問題は歴史や法律だけではなく、国民感情を伴う問題であり、プーチンといえども簡単な問題ではないだろう」と答えた。

国際的に一九五三年のサンフランシスコ条約で、日本は「千島の放棄」を明記した。そして一九五六年の日ソ共同宣言において「平和条約締結後、歯舞《はぼまい》・色丹《しこたん》は返却する」で合意した（日ロ両国の国会で議決している）。それを、後になってダレスの「千島を放棄するなら沖縄は返還しない」との脅迫に屈し、「国後《くなしり》・択捉《えとろふ》は千島でない」「国後・択捉を含めた四島返還」と国際的に通用しないことを言い出し、今日に至るも解決できないままに来た。ロシアは第二次世界大戦で二六〇〇〇万人を超える犠牲者を出して勝利した。主として戦ったドイツとの間でもドイツ側に不利な国境で解決した。ましてや日本との間ではサンフランシスコ条約、日ソ共同宣言と異なることを認めることは考えられない。しかも国後・択捉には二万五〇〇〇人ものロシア人が永住している。日本が「四島返還」という限り問題は解決されないだろう。外交は国益がぶつかる妥協である。特に国境画定問題はどちらかが自分の主張に一〇〇％固執している限り解決の道はない。

私が現時点で考える判断は、①平和条約を締結し日ソ間の第二次世界大戦を終結する。②一九五六年の日ソ共同宣言で約束した「平和条約」を締結した段階で、「歯舞・色丹の返還」を実現する。③そのうえで千島・樺太を日ソで共同開発する。④可能であれば、国後・択捉の帰属は、将来にわたって協議の対象とする。もしくは日本の領土であるが、施政権はロシアに属する。このようにまとめることではないかと考えている。

帰国（九月二八日）

午前七時四五分にホテルを出て、約三時間でトリノ飛行場へ行き、そこからモスクワへ。そしてモスクワから夜間飛行約一一時間で成田に着き、そこから関空に。そしてＪＲに乗り、夕方の六時三〇分前に京都洛西ニュータウンの高島屋に着き、食品売り場で食材を購入し、帰宅後夕食を作り妻と食べた。

二　アメリカと国交回復したキューバ紀行

はじめに

二〇一七年六月二〇日から二七日にかけてキューバに出かけた。理由は、①私が初めて社会主義国について本格的に勉強したのがキューバなので、一度は見ておきたかった。しかしそれは大した問題ではなく、②私の問題意識として、二〇一五年に五四年ぶりにキューバとアメリカが国交回復した。私の一般的予測として多分ベトナムと同じように、急速に市場経済化、資本主義化するのではなかろうかと考えている。そのため本格的に変わる前のキューバを見ておきたいという思いがあって参加することにした。

今回のツアーは私の知人が代表をしている神戸の旅行会社が主催したもので、私はいち早く申し込んだが、なかなか前金の振り込みなどの連絡がなかった。聞くと、参加申し込み者が、最低催行人員に至っていないということであった。そこで私も何人かにあたってみたが、なかなか応募者は増えなかった。一般的に社会主義というものに関心が薄れてしまっていることがあると思う。また一九五九年のキューバ革命に思い入れを持っている年配の方にとっては、費用が高い上

に、時間がかかりすぎるということがあると思う。

私自身はこの（二〇一七年）一月にスキー事故で左足に大怪我をし、まだ完治していない。いろいろ考えたが、今回の機会を逸すると国交回復直後のキューバを体験できないと思い、念のために登山用のストックを持参して参加した。参加者は私を含めて一〇名、それに添乗員兼通訳の清野史郎さんを加えて一一名でのキューバ行であった。

さて理由の①であるが、私は戦後日本の最大規模の大衆闘争であった「六〇年安保闘争」に高校一年生のときに遭遇し、教員や先輩の大学生からの働きかけもあって、高校生であったが行動に参加した。それを契機に社会問題についていろいろ考えるようになり、社会科学研究会を組織した。安保闘争終了後、知識人や大学生の中に安保闘争敗北論が広がっていた。そのとき、地球の裏側のキューバで一九五九年一月一日に革命が起こっていた。キューバについて勉強すれば、世の中、そして社会主義について希望ある展望が見えるのではないかと素朴に考えた。そこで社会科学研究会として、アメリカの社会学者であるレオ・ヒューバーマンの『キューバ』（岩波新書）を一年かけて読む勉強会をもった。もちろん日本とはあまりにも違う条件下での闘いではあるが、私たち高校生にとっては「夢と希望を与えられる革命物語」であった。

キューバは、一四九二年、スペインのコロンブスの「発見」に始まり、一五一一年にスペインの植民地となったが、一八六八年に第一次独立戦争が起こった。続いて一八九五～一八九八年に第二次独立戦争が起こった。そのとき、アメリカは自国の軍艦が撃沈されたことを理由にスペイ

ンに宣戦布告してアメリカ・スペイン戦争となった。勝利したアメリカはキューバそして同じくスペインの植民地であったフィリピンならびにグァム島、プエルトリコを支配下に置いた。その後、キューバについては一九〇二年に形式上の独立を認めたが、事実上アメリカの植民地としていた。スペイン時代からの砂糖のプランテーション農業が引き継がれると同時に、フロリダから二〇〇km余りという近さもあって、アメリカのリゾート地としても発展した。とりわけ一九二〇年の禁酒法成立以来（～一九三三年）、アメリカのマフィアが入り込み、ハバナを中心に酒と女とバクチの一大歓楽街が形成された。アメリカ傀儡のバチスタ独裁政権の下、一九五三年、土地革命を求める農民らの先頭に立ってカストロ等がモンカダ兵舎襲撃事件に始まる独立革命闘争を開始し一九五九年一月一日に達成された。

土地革命といっても砂糖のプランテーションの所有者はユナイテッドフルーツをはじめとするアメリカの企業が大半で、キューバの全農地（所有地や借地）の四七・三％、耕作地では七〇～七五％がアメリカの企業によって所有されていたから、アメリカの帝国主義と相いれなかった。アメリカは石油などの輸出禁止措置をとった。それに対してソ連が石油供給を申し入れたが、キューバにあったアメリカの石油精製工場は石油精製を拒否した。そのためキューバ政府はアメリカの石油精製工場を接収し国有化して石油の精製を行わざるを得なくなった。こうして革命は独立と土地革命を課題とした民主主義革命から、急速に社会主義革命へと発展していくことになった。カストロは革命時、社会主義者でなく共産党員でもなかったが、こうした状況の進展の

下で急速に社会主義者となって行った。そして後で記す一九六一年にＣＩＡが組織した反革命武装集団のキューバ襲撃を撃退したことを契機に「社会主義革命宣言」を発することとなった。それに対してアメリカは同年「国交断絶」を行い「経済封鎖」を開始した。以降の紆余曲折については、その都度多少書くことにするが、二〇一五年、オバマ政権は経済封鎖解除などの課題は先送りしたままで国交回復を宣言し、アメリカ・キューバはそれぞれ大使館を再開した。

さて出かけるにあたっての準備だが、私は海外旅行でもスキーや登山に行く場合でも、だいたい一時間、どんなにかかっても一時間半もあれば準備ができる。しかし高次脳機能障害者の妻を置いて出かけるので、それにまつわってたくさんのことをしなければならない。まず出かけている間の食材などの必需品を可能な限り購入して冷蔵庫・冷凍庫に入れておく。トイレットペーパーや尿取りパッドなども予備を購入しておく。出かけるにあたって臨時のヘルパーの手配、とりわけ泊りの有料ヘルパーの確保が大変である。そして一週間の配置標を作り、机の上に貼って置いたり、妻の母親や妹などにファックスするなどの連絡を入れておく。さらに泊りのヘルパーさんのために布団を干したり、敷布や枕カバーを洗濯し乾かし整理して押し入れにおいて置く。これらのことをすると最低一日仕事である。一九日の夜は妻の月一回の癲癇《てんかん》治療のための診察に同行する日であった。いつもであれば、診察の翌日に他用のついでに薬を受け取りに行くのであるが、この日は診察の後、長時間待って薬を持って帰らなければならない。ところが診察が終わったのは午後の九時であった。これ以上待つのは妻の体力では無理なので、手続きだけして帰宅した。

長い旅路でハバナへ、早速のアクシデント（六月二〇日）

二〇日、朝九時に開く薬局へ薬を取りに行き、一〇時に戻って自宅を午前一〇時半に出た。大阪（伊丹）空港に一二時半に集合し、一四時発羽田行に乗り一五時一〇分到着。一七時四〇分エア・カナダでカナダのトロントへ。時差一三時間、所要一二時間で一六時四五分に到着。そこから一九時三五分発のエア・カナダで三時間三〇分かけてキューバの首都ハバナに二三時〇五分に到着。入国手続きを行い、専用バスでホテルに着いたのは二一日の午前一時前。久しぶりの長い旅路であった。

二時過ぎに就寝、三時過ぎに何かの音に起こされた。なにかとキョロキョロすると携帯電話の着信音だと分かった。妻の悠紀子からだった。「今、どこにいるの」「キューバにいる。夜中の三時だから電話切るよ」「何を言うてるの、さっきここにいたやないの……」。説明するが、半分妄想状態なのと難聴で、こちらの言っていることがほとんど聞こえていないから話が通じない。さんざん説明して電話を切ったが、すっかり目覚めてしまった。しかたなく電話をマナーモードに切り替えた。

しかしその後、妻が私に電話をかけてもつながらないことからパニックになり、ヘルパーさんが旅行会社を通じて連絡してきたり、ショートメールで「奥さんがパニックになっているので電話をしてあげてください」と通信してきた。私が電話したときには穏やかに受け取り、「そう、今、キューバにいるの。気を付けてね。帰って来てからの話を楽しみにしているから」と受け答

えした。しかし、それは覚えていないので、また彼女が電話をかけるが、かからないのでパニックになる。そういうことを何日か繰り返した。

ハバナの旧市街とヘミングウェイゆかりの地を訪ねる（六月二一日）

■ハバナの旧市街地

朝八時半にホテルを出発。清野さんが手配してくれた革命前の一九五〇年代のよく手入れされたアメリカ車のタクシーでハバナの旧市街地へ移動。こうした車があることは知っていたが、乗れる手配をしてくれたことに一同感激した。私はキューバで走っている車は経済封鎖以前のアメリカ車が大半だと思っていたが、そうではなく一九五〇年代のアメリカ車は観光用に使われている例外で、大半は六〇年代、七〇年代、八〇年代のソビエトやチェコ製の車で、中にはドイツ製の最新の車も走っていた。観光用のバスや、キューバ人が乗るバイクは新しいもので、中国製がほとんどであった。

1950年代のタクシー

旧市街地に近づいた。一目見ただけでスペインがつくった街だと分かる街並みである。アジアではフィリピンのマニラの旧市街地とそっくりであるが、こちらの方が規模は大きい。ただ、行く途中を含めてビルやホテル、公共施設、住宅のいずれも一九五九年の革命以前の建物が大半で、後で記す九六年の新経済制裁以降のこの二〇年間は、例外をのぞいて新築されていない様子である。それどころか旧市街地のスペイン時代の建物の大半はペンキどころか、上壁も剥がれ落ち、実にみすぼらしい様子であった。アメリカの経済制裁がいかに苦難をもたらしていたかを物語っていた。旧市街地は世界歴史遺産となり、ハバナ歴史館事務所の管理下にあり、この市街地での観光収入等で修復工事が進められているとのことであった。きちんと修復されれば、まさに歴史的遺産として有意義な観光地になると思われた。

ただ感心したことは、街のいたるところ、大概のレストランで数名のグループによる生演奏が行われ、キューバの明るい様子が現われていた。彼らの大半は音楽高校や音楽大学の出身者で、門外漢の私が聴いても、どのグループも一定の水準以上のチームであった。収入は店などが支払うのではなく、聴衆のチップだけだそうで、それも音楽協会（政府）に収め、その中から手当が支払われるそうである。チップを出すのは外国人なので政府としては外貨収入となる。そして音楽家などへの支払いはキューバペソで支払われる。音楽協会（政府）と音楽家への支払の割合がどの程度かはよく判らなかった。二〇一六年、ロシアを訪ねたとき、ガイドが「ソビエト崩壊後、チップを報告・上納しなくなって良かった」と言っていたことを思い出した。

午前中の最後に、コミュニティープロジェクトを視察した。昔の比較的大きな修道院跡を使った老人施設である。デイケアをメインに、家庭で面倒を見ることができない人達の生活施設も併設されている。そして同じ建物内に、困難家庭の幼児を預かる保育園もあった。訪ねたときにはデイケアセンターで老人たちによる歌や演劇などの催しが行われていて、明るい声や拍手喝采が鳴り響いていた。施設の中には一般のジムのような運動器具の設備もあり、そのための指導員もいた。またスペインからの寄付による眼鏡センターがあり、測定の上、無料で老眼鏡がつくられ提供されているそうである。この旧市街地にあと四カ所、ここよりも小規模だが同じような施設があるそうだ。発展途上国としては例外的な社会福祉制度である。私が長くかかわっている中国やベトナムも「社会主義国」を名乗っておりキューバより豊かであるが、政府によるこのような施設は例外的にしか存在していない。私たちが訪ねたこの施設には、カストロが訪問したときの写真も飾ってあったので、多分、外国人にも見学させる国家的モデルの施設なのだろうが、それにしてもたいしたものだ。

■ヘミングウェイゆかりの地

昼食をはさんでヘミングウェイ関連施設を訪ねた。まず彼が常宿にしていたアンボス・ムンドスホテルに行った。革命後六〇年間変化していないキューバ社会ならではで、当時と全く変わっていない建物で一階の奥の広間はヘミングウェイ・コーナーとして各種のゆかりの写真が飾られていた。続いてバスで郊外に行き、ノーベル文学賞受賞小説『海と老人』の舞台となった、ひなびた漁村コヒマルへ行った。ヘミングウェイも通っていたおそらく村で一軒と思われるレストラ

ヘミングウェイの胸像と

ン、ラ・テラサで昼食を取った。壁にはヘミングウェイとカストロが一緒に写った写真が飾ってあった。小さな船着き場の上に、地元の漁民などによって設置されたヘミングウェイ像の横で写真を撮った。その後、彼がホテル住まいを止めスペイン人から購入して二〇年間住んでいた家を訪ねた。そこは現在、ヘミングウェイ記念博物館として保存されていた。

　当初はスペイン軍の監視所があった場所だそうで、一八八七年にカタラン人の建築家（Miguel Pascual Baguer）が土地を購入し、別荘を建て、一九〇三年までは住んでいた。その後フランス人のJoseph D Orn Duchampが貸別荘目的で購入している。ヘミングウェイの妻が新聞広告を見て一九三九年にヘミングウェイを説得し一九四〇年に購入し、二〇年間住んでいた。館はハバナ市の郊外の街にあり、コヒマルへは車で三〇分ほどの距離で、この館からヘミングウェイは釣りに出かけていた。

　ただ現在は、資金不足で修理ができておらず入るのは危険で、窓から中を覗いて見学する建物であった。ヘミングウェイが住んでいた当時のままで、調度品はいうまでもなく、本やタイプライター等の位置も、死ぬ前のままだそうである。彼は躁鬱病を患い一九六〇年アメリカに戻り治療を受けていたがショットガンで自殺した。建物の内の様子では出かけるときに自殺などは考えておらず、治療後戻るつもりであったのだろうと推察されている。

ヘミングウェイは一八九九年七月二一日に現在のシカゴで生まれ、一九六一年七月二日に亡くなった。享年六二歳であった。スペイン内戦では人民戦線側について参加し、その経験を下に一九二九年に『武器よさらば』、一九四〇年に『誰がために鐘は鳴る』を出版した、行動的な社会派の作家で、アフリカへ狩りに出かけたり、カリブ海で魚釣りを楽しむなどしていた。

しかし、二度の航空機事故で奇跡的に助かったが、後遺症としての躁鬱病に悩まされて一九五〇年代中期以降作品が書けなくなっていた。彼はお酒が大好きで、一説にはキューバに行くようになったのは、アメリカで禁酒法が通り、公然とお酒が飲めなくなったので、自由に飲めるキューバに行くようになったとも言われている。

私は『武器よさらば』『誰がために鐘は鳴る』『老人と海』の三冊とも読み、それらを映画化したものも観たことがある。しかし前の二作品は印象深く読み観た覚えがあるが、『老人と海』は感動したという記憶がない。多分、私が若く社会問題にのめりこんでいた時期だったので、前の二作品の方が印象深かったのであろう。せっかく今回、作品の舞台となったコヒマルまで行き、彼の住んでいた館で、保存されている彼が乗っていた海釣り用のボート「ピラール号」まで見たのだから、今では老人の部類となった私として、『老人と海』を読み直そうと思った。

キューバの経済事情

ハバナのホテルに戻ってから、社会見学としてホテルの近くにあったスーパーマーケットを覗いた。キューバではスーパーマーケットはすべて国営で、民営ショップはお土産屋さんに限られている。驚いたことに棚の多くが空っぽで、物があってもほとんど同じものが陳列されていた。まさに崩壊直後のソビエトのスーパーとそっくりであった。改めてキューバの厳しさを見せつけられた。なお私が陳列棚の写真を撮っていると管理人から「撮っては駄目」と注意された。

ところで朝食はホテルの食堂で食べたが、昼食、夕食はすべて外のレストランで食べた。キューバでは革命後、街の小さな食堂もすべて国営化され、元の店主は多くの場合、支配人として雇用された。しかし街の食堂を含めて自動車や電化製品の修理の店まで国営では融通が利かず、不効率きわまりなかった。それで一九九三年以来、家族経営で椅子の数一二脚までの店は、個人経営の食堂として営業できるようになった。そうした店は国営食堂より工夫するので人気が出て客を集めるようになった。そこで政府としても五〇人までの客席の店の個人経営を認めるようになった。ただし客は外国人旅行者が大半で、キューバ人はほとんどいなかった。

一九五九年の革命以降、カストロや工業大臣となったゲバラなどは植民地時代の砂糖中心のプランテーション経済から脱出し工業化を図ろうと、日本などへの視察を行ったりしていた。しかし工業を起こす基盤整備も、人材もなく現実には軌道に乗らなかった。そこへ上記したアメリカによる経済封鎖が行われた。

ガイドの清野さんは、一九六四年六歳のときに、漁業振興支援でキューバにやってきた父親に連れてこられ、革命直後のキューバの小学校で学び、一二歳のときに日本に帰ってきたそうである。

海に囲まれたキューバには当然漁業があったものと思われるが、スペインの植民地以来四〇〇年間、奴隷を使った砂糖のプランテーション経営が進められてきたキューバでは漁業は育っていなかった。

一九六二年、キューバ漁業公団が日本の商社を通じて最初にマグロ船五隻の建造を依頼して実験的操業をした。その後、キューバはスペインで十数隻を建造し、さらに技術指導者を日本にあるキューバ支援団体や個人を通じて日本各地で募集。一九六四年、清野さんのお父さんは、キューバから直接依頼されていた方から依頼があって、参加したそうである。キューバの漁業は革命直後の初期にはそれなりの成果があったそうだが、二〇〇海里問題や石油高騰により競争力が低下し、ソ連崩壊による燃料不足により全面的に撤退した。日本外務省は船員らのパスポート発行を遅らせるなど、非協力的であったため、支援団体（日本キューバ友好協会）が中心になって外務省と折衝していたそうである。

なお、キューバでは、ソビエトの支援で石油が支援価格として国際的に割安で供給されていた。キューバは自国で使う以外のガソリンを輸出して外貨を稼いだ。またソビエトの言に従ってコメコンに入った。その結果「社会主義国際分業論」に基づき、キューバは砂糖の生産拠点と位置付けられ、ソビエトや東欧から大量の砂糖の買い付けが行われた。したがってスペイン時代、アメリカ時代、そしてソビエト時代も砂糖中心の産業構造から抜けられなかった。

そうした中でも社会主義を目ざしたキューバは、医療ならびに大学教育までの教育無償化、最低生活の保障として食糧を中心とした配給制度を確立した。また国民が芸術・スポーツに親しみ楽しめるように、施設や指導員の整備に努力した。つまり「貧しいけれど豊かな国」「知の社会」を追求し、世界とりわけ発展途上国において、進歩を求める人々に希望を与えた。

しかし一九九一年にソビエトが崩壊したとき、援助価格の石油供給が止められ、国際価格とされた。また砂糖も相対的に高い価格での購入は中止され、キューバ経済はどん底に落ち込んだ。配給所での食材供給が深刻となりブラックマーケットが横行した。そのため一九九三年外貨解禁、同年国営農場を協同組合経営にし、九四年には政府が指示した作物の上納目標を達成した以上の分は、農産物を自由市場で販売してもよいという措置が取られた。それが何とか軌道に乗ろうとしていた一九九六年、アメリカは新たな経済制裁封鎖法を制定し、キューバに対する経済制裁に第三国までを巻き込みキューバの崩壊を策した。例えばトヨタなどがキューバ産のニッケルを使用した場合はアメリカへの輸出を認めない。キューバに寄港した船は一八〇日以内はアメリカへの寄港は許さないなどの禁止措置を第三国にまで求めた。これは立ち直りつつあったキューバ経済をさらに困難にした。こうしたことを抜きにして、今日のキューバ経済の困難は語れず、「社会主義の問題」一般には解消できないだろう。

エコ・コミュニティーを訪問（六月二二日）

スペインの植民地時代、山々の森林が燃料や材木として伐採されたが、多くの場合、植林されず禿山のまま放置されていた。革命政権は、これらの地域に農民を計画的に移住させ、植林し、そこで林業を起こした。そうした場所の一つとしてラス・テラサス・エココミュニティーがある。最初は植林した木を原料とした木炭産業が細々と行われていたが、町起こしの中心としてエコ観光を振興させ、植林と林業にとどまらず、自然の中を散策したり、川遊びをしたりするリクレーションの場として整備し、訪ねる人々のための食堂も設けている。そこに住む人々のコミュニティーを新たに作り、小学校・中学校を設置するとともに村の中心地に行政施設を設けた。そこには配給所そして診療所も設け、医師と看護士を常駐させている。地元ガイドから、これらについて説明があった。

その後、小学校を訪ねた。ちょうど期末試験の日で教室で子供たちと交流することは難しかったが、一クラスが試験の終わった後だったので教室に入り、少しばかり交流した。「好きな科目は？」「英語」、「将来何になりたいですか」「先生」など屈託のない返事が返ってきていた。小さく質素な学校であるが、コンピューター室もあり、現代に即応しようと努力していることが分かった。

川遊びの場所も見に行った。幅五〇ｍぐらいの渓谷で岩が段々になっていて水の滑り台のようになっていたり、滝つぼのような場所は飛び込めるようになっていた。私が小学生時分に奈良県吉野郡の津風呂川で遊んでいたような雰囲気の場所であった。そこで水遊びを楽しんでいたのは外国人観光客だけではなく、キューバ人もたくさんいたそうである。このようなレジャーを楽しめる層も形成されているのだろう。

昼食後、コーヒー農園跡を見に行った。海抜二〇〇m余りの山の頂上付近に作られていた。その場所から見下ろす風景は沖縄とよく似ていると思った。沖縄と同様に高い山はなく、亜熱帯気候の下でうっそうとした森が遥か彼方の海原まで広がっている。聞くとキューバは台湾の緯度と近いらしい。コーヒー園は今は営業していなかった。土壌の質が必ずしもおいしいコーヒーづくりには適さず国際競争に敗れたらしい。土壌がコーヒー栽培にあうキューバの東部には今もコーヒー園があるとのことである。なおキューバがコーヒーづくりを支援した友好国ベトナムは、今や世界有数のコーヒーの産地となっている。

コーヒー園跡の頂上付近に革命前の農園主の館があった。農園で働く奴隷の監視のためにもそういう場所に建てられていたそうである。その少し下に奴隷たちが住まわされていた石造りのおよそ住居とはいえない囲いのような場所があった。スリランカの茶畑も山の上に段々畑として作られ、インドから貧しい人々が出稼ぎに来ていたが、少なくとも木造の小屋であった。スペインをはじめとするヨーロッパ人のインディオや黒人に対する扱いは本当に残酷である。改めてヨーロッパのキリスト文明について考えさせられた。

最後にコミュニティーの中心地を覗いた。そこで常駐している医師から説明を受けた。「診療所としては、各家族全員のカルテを整備し、病気になってから治療するよりも、健康（予防）教育に力を入れている。難しい病気になった場合は近隣の病院に行ってもらったり運んだりしている。中国の東洋医学も取り入れ、鍼やお灸も取り入れている」との話であった。

理念としては正しい。しかし周りにいる人々を見ると、先の学校の教員をふくめて多くの人が明らかに異常に肥っている。どう見ても健康指導がいきわたっているとは思われない。鍼やお灸では体調を整えることはできても、肺炎や盲腸を治したりはできない。日本人は「キューバの医療費は無料」と聞くと、日本のような医療が無料だと思いがちであるが、そうではない。貧しい国の実情に即した医療が無料なのである。私はそれを否定したりしない。それはそれで国民的進歩なのである。ガイドに聞くと、診療所には事実上なにもなく問診室のような部屋があるだけだという。

キューバは医学と教育に力を入れ、発展途上国ではいち早く文盲をなくし、大学進学率も五〇％を越えるなど先進国なみの成果を上げて来た。そしてアフリカ諸国などに医療支援のために医師を派遣してきたりした。ところが九六年以来のアメリカの新たな経済封鎖の中で、外貨獲得のため「輸出できるものは何でも輸出する」との考えから「背に腹は代えられない」と外貨獲得の手段として、医師と教員をアフリカや中南米諸国に派遣しだした。全国で七万六〇〇〇名いる医師の約半分を海外に派遣している。そのためキューバが誇りとした医療体制は重大な危機に瀕している。合わせて教員についても外貨獲得のために同じスペイン語圏の中南米の国々に派遣している。足りない教員を穴埋めするために戦時中の日本のように高等学校卒業者を臨時教員として教育現場に配置し、教育力の大きな後退をもたらしている。「貧しいけれど平等で豊か」「知の社会」という革命が作り上げた重要な成果が後退し失われつつある。

その後、清野さんに教えてもらったところ、キューバ人肥満の原因は配給制度によるところが大きいそうである。つまり供給される食材は、糖分、動物油、炭水化物が中心で、市場で購入せざるを得ない野菜や果物は高額で安い魚が店頭にない。国としてバランスのとれた食料品の供給ができないことが原因で、二〇〇〇年代から急速に肥満が増加しているそうである。

世界遺産のシエンフエゴスと中部の都市トリニダに行く（六月二三日）

朝八時半にホテルを出て、まずハバナから南東へ二五〇㎞ばかり先にあるシエンフエゴスコへ出かけた。車窓から見える景色で私が気になったのは、ところどころに広大な砂糖キビ畑は広がるものの、それ以外の田畑がほとんどないことであった。スペイン時代、アメリカ時代を通じての農業といえば砂糖キビのプランテーションだけで、他にこれと言った農作物を栽培してこなかった。そのため農民を育てられず、広大な平野部は砂糖キビ畑以外は草地か林で、例外は馬・牛・羊の放牧場であった。現在キューバでは食料品の大半は輸入で、食料自給率はアメリカの従属国でその市場となっている日本より低く、二〇％程度である。

二五日に再度ハバナ市内を見て回ったとき、自由市場があったので覗いてみた。私が想像していたよりもずっと小さいもので、野菜の品数も少なく、アジア最貧国のブータンやつい最近まで「鎖国」状態であったミャンマーの農村の市場に比べても小さく活気に欠けていた。いまだに農業が根付いておらず、食料の大半を外国からの輸入に頼っているキューバでは、輸送と保存の問題もあり、保存がきく穀物などの輸入が中心となり、先の配給のようなことになるのだろう。野菜は自国産が中心になる代わりに価格は高く、一般庶民には購入しにくく市場は活気に欠けるのだろう。

革命直後、カストロや工業大臣となったゲバラは工業化を考え、日本などへの視察を行ったりしていた。しかし工業化のためのインフラ整備もできておらず、なによりも工業化に必要な社会システムも人材もなく失敗に終わった。それでソ連などが社会主義圏の国際分業化として砂糖の生産、優遇輸入を働きかけた。その結果キューバは社会主義社会になったが、砂糖生産中心のモノカルチャー経済から脱出することができなかった。それが今も続いている。農業の育成のためにどのような施策が行われてきたのか調べなおす必要を感じた。

シエンフエゴスコはフランス人移民によって造られた街だそうだ。なぜフランス人移民なのかと聞くと、アメリカのニューオリンズそしてルイジアナはフランスの植民地だったがアメリカが軍事力を背景に併合した。そのためにフランス人たちは暮らしにくくなった。そうしたとき、キューバに軍事顧問として来ていたフランス軍人が、当時のキューバ総督にフランス人入植地の建設を承諾してもらい、出身地のボルドー、そしてニューオリンズからの入植者を受け入れたことに始まったとのことである。

たしかにフランス人がつくった街らしく、広場の入り口に小さな凱旋門が立っていた。また建物の鎧戸には茶褐色のペンキが塗られていた。そして広場に面してオペラ劇場の建物が建っていた。

植民地主義者は現地の人々の生活文化を考慮し、当該地の伝統建築などを尊重した街づくりなどはしない。フランス人はフランス風の町並みを、スペイン人はスペイン風の街をつくる。私が初めて上海の旧フランス租界を訪ねたとき、「どこかで見たことがある街だなあ」と感じていた。「そうだ映画『カサブランカ』に出てくるアルジェリアのカサブランカの街並だ」と思い出した。二階建てでスレート屋根、白壁に柱と窓の格子戸は茶褐色で塗装されている。その後、広東の旧フランス人租界、そしてフランス領であったベトナムのハノイやホーチミンを訪問したが、いずれも同じ町並み建築が広がっていた。

トリニダ

このあと、この日に泊まるホテル、デル・マルがある中部の都市トリニダに向かった。トリニダは有名な侵略者ベラスケスによって一五一四年に建設されたキューバでも最も古い町の一つである。砂糖キビと奴隷の売買の東部の中心地として繁栄した。奴隷制度廃止まで栄えた後、当時の立派な街並を残し、歴史が止まったままの状態となっている。

まず中心にあるマヨール広場に面して建っている建築博物館を訪ねた。一七五〇年築の元の農園主の館を活用し一八〜一九世紀のコロニアル建築の特徴を写真や図面だけではなく、壁の構造などの実物を展示している博物館であった。中庭に面した部屋にはシャワーや現代と同じ洋式トイレなど、当時の最新技術で暮らしていた農園主の生活を知ることができるようにしてあった。

続いて反革命軍事集団との闘いを記念する博物館をたずねた。一目見ただけでイスラム建築の影響を受けた建物だと分かった。スペインの南西側は長い間、イスラム教徒の支配下にあった。そのためアルハンブラ宮殿をはじめスペインの有名な建築にはイスラム時代のものが多数あり、それ以外の建物にも影響を与えていた。この博物館はもともと修道院の建物だったそうで、アーチ式の柱に囲まれた中庭がある建築様式で、まぎれもなくイスラム建築の影響を受けた建物であった。ここが現在、反革命武装勢力との闘いの記念博物館として使われていた。一九五九年一月一日の革命政権樹立後、ＣＩＡはアメリカに亡命してきたキューバ人を中心に反革命武装勢力を組織し訓練してキューバに送り込んだ。私が明確に記憶している事件は一九六一年四月の「ビッグス湾侵攻事件」で約一四〇〇名の武装集団が襲撃した。カストロ自ら武器をもって闘い撃退した。成功すると思い込んでいたＣＩＡのショックは相当なものだったようであるが、この事件以降も一九六五年までＣＩＡは反革命武装集団を送り続けた。その当時の関連写真、押収した武器などが展示されていた。なかでも、この掃討作戦でなくなった人々の名前付きの顔写真が貼られているコーナーは心を打たれるものがあった。

デル・マルはカリブ海に面したリゾートホテル風であった。参加された方の一人が「これが（社会主義）キューバのホテルですか」と言われた。部屋に入ってから夕食まで一時間余りしかなかったが、体験のために水着に着がえてホテルの裏側のカリブ海岸に出かけた。見渡したところ二km以上はあると思われる浜辺の向こうにカリブ海が広がっている。一〇名ぐらいの男性グループと、同じく一〇名ぐらいの女性グループが波打ち際の海に入っていた。しかし泳いでいる人はおらず、ワイワイとおしゃべりや、ふざけながらの文字通り海水浴を楽しんでいた。私も入ろうかなと波打ち際に近づくと、男性グループの一人が海から上がってきて私に話しかけた。最初、何を言っているのか分からなかったが、ジェリフィシュという単語が出て来てお腹を指し、そこが赤く腫れているので分かった。「クラゲがいて刺されるので注意しろ」ということであった。しかしまだ六月で、日本ではお盆過ぎにならないと海岸にクラゲがやってくることは考えられないので、半信半疑であった。ところが海に入っている男性グループの何人かが手や足をさすり、いかにも何かに刺されたような仕草をしていたので「そうなんだろう」と思い、入るのを断念してベンチに座って広い海原を見ていた。すると女性のグループがさけび声を上げながら海から出てきて、互いに手や足を指して話していた。とりわけ、その中の一〇歳ぐらいの女の子が泣きながらお腹を触っていて周りの大人たちがなだめていたが、早々に引き上げて行った。これでクラゲがいることは間違いないので、後はベンチに座って久しぶりに大海原を見ながらボーッとすごした。

夕食のために集合すると、皆さんがガイドの清野さんに「シャワーのお湯がでない」「テレビが映らない」「ドアの下からカニが入って来た」などのいろいろなアクシデントを報告されていた。清野さんは「それがキューバなんです」と回答されていた。私は登山を趣味としていて山小屋やテント生活を苦にしていないので、この二〇年余りアジアの発展途上国の農村などに出かけるときは、「夜露さえ、しのげればよい」との思いで臨んできたので、こうしたことには驚かないし、それはそれと割り切っている。

砂糖キビ農園跡とサンタクララ市内観光（六月二四日）

この日は旅の疲れも考慮して出発は九時半とされた。そこで私は朝食前に朝のカリブ海を見るために海岸に出てみた。すると砂浜に打ち上げられていた海藻を庭箒のようなもので集め三〇m間隔ぐらいに砂山のようにまとめる作業をしていた。見ると二〇〇m間隔ぐらいで人々が作業している。いずれも黒人である。改めてキューバの人種問題について考えさせられた。

キューバにもともといた人々はインディオである。しかし一六世紀にスペイン人がやってきて植民地化するのに抵抗した人々は無慈悲に虐殺された。抵抗できなかった人たちは奴隷として砂糖キビ農場で使役された。その過労とスペイン人が持ち込んだ当地にはなかった病原菌が、抵抗力を持たないインディオの命を奪い、一世紀もしないうちに絶滅させられてしまった。そのためアフリカ西部から黒人奴隷が連れてこられた。奴隷貿易を担ったのは主にイギリスとオランダである。彼らは銃や綿布を輸出し、その代わりに黒人奴隷を購入してアメリカ大陸に売り込み、その金で砂糖や綿花、タバコなどを購入し、本国をはじめとするヨーロッパ諸国に売りさばき大儲けした。いわゆる「三角貿易」である。大量の綿布の製造販売の必要がイギリスに産業革命を生み出すことになったし、三角貿易で得た金が産業革命を立ち上げる資金ともなった。

ところであまり知られていないが、アフリカ西海岸での奴隷は、白人が黒人を奴隷狩りしたのではなく、ナイジェリアなどの黒人王国で、もともと奴隷が使われていた。そこへイギリス人やポルトガル人が鉄砲などを売り込み、その購入資金の必要性から奴隷を白人に売ったのがはじまりで、それが金になると分かり、鉄砲をもった黒人たちが弓矢しか持たない黒人を捕らえて、イギリス人やオランダ人に売り飛ばしたのである。キューバをはじめとするカリブ海地域に連れてこられた黒人奴隷は約一五〇〇万人と推計されている。

彼らは砂糖キビ畑やタバコ栽培畑で使われた。ハバナの多くの広場が奴隷市場として使われていた。しかし次第に奴隷労働ではなく一八六〇年代から契約労働者が増えて行った。それはアフリカから奴隷を購入する費用が高かったこと、そして何よりも砂糖キビ労働というのは収穫時期の三カ月に集中し、その期間のための大量の奴隷を抱えることが経営的に非効率で、季節労働者を雇う方が効率的だったからである。一八七〇年に老人と子供の奴隷が解放され、最終的に一八八六年奴隷解放がなされた。こうした経緯のため、現在キューバでは白人（主としてスペイン系）が五一％、黒人一一％、ムラート（白人と黒人の混血）が三七％、中国系が一％という構成になっている。中国系というのは、アメリカにおける労働力不足を補うために貧しい中国人苦力が大陸横断鉄道建設などに使われていたが、アメリカの植民地であったキューバにも来ていた、その子孫たちである。ハバナ市街にも「中華街」があった。ただ、やってくるのは男だけだが、彼らが白人の女性と結婚できることはなく、黒人女性と結婚したので現在の三世や四世は黒人との混血の人ばかりである。

砂糖キビ農園跡

ホテルを九時半に出て、一時間ばかり行ったところに小高い場所があった。そこを登ると向う側にインヘニオス渓谷と言われる場所があった。日本人が渓谷という言葉からイメージするような風景ではなく、四方を二〇〇mぐらいの山々に囲まれた、広く緩やかな盆地のような場所であった。京都から来ていた人が「山科のようだ」と言ったが、その通りで山科盆地をもう少し大きく広くしたような場所であった。ここにたくさんの砂糖キビの農園があったそうである。

そのあとマナカ・イスナガ砂糖キビ農園跡に行った。一五〇mぐらいの石畳みの道の正面に元の農園主の館が見える、その右手に高さ四五mぐらいの七階建ての塔が立っている。事情の分からない私たちが遠くから見たときには、教会の塔のようにも見えた。しかしそれは奴隷への合図と監視のための塔だったそうである。各階に音色の違う鐘が取り付けられていて、その音で奴隷に合図を送るとともに監視していた。

石畳道の両側に質素な家が並んでいる。奴隷解放の後も砂糖キビ労働しか経験のない彼等の大半は農園主である彼らの元の奴隷主の下で働くしかなく、そこに家を建てて暮らした。それらの家の前では、元の農園主の館跡の見学に来る観光客目当ての土産物を売っていた。元の農園主のテラスでは、昔使われていた砂糖キビを絞る機械で作ったジュースを出してくれた。砂糖はそのジュースを煮詰め乾して作った。

車でサンタクララ市へ移動し、昼食後、ゲバラ霊廟などを見学した。

装甲列車襲撃記念展示

キューバ革命は最初に書いたように一九五三年にモンカダ兵舎襲撃から始まったが、失敗したカストロ等は逮捕され収監された。弁護士であったカストロは自分をはじめとする被告の弁護をしていたが、国民的な赦免運動が広がりカストロたちは釈放された。革命を断念していなかったカストロ等はメキシコに亡命し、軍事革命の準備をした。そこでゲバラと出会い合流することになった、五六年一一月二五日、定員二二名の小さなヨット、グランマ号に八二名が乗り込み、嵐の中で様々な犠牲を払いながらキューバの東南海岸のラス・コロラーダスに上陸し、シエラ・エストラ山脈を起点にゲリラ活動を展開し、やがてバチスタ政権を追いつめて行った。山から下りて来たゲバラの一行はサンタクララに到着し、ハバナへの進軍を準備していた。五八年一二月、それを制圧するためにバチスタ軍が軍用列車でサンタクララにやって来た。ゲバラ等は、一二月三〇日、その列車を脱線転覆させて攻撃し勝利し、革命戦争の勝利を決定的なものにした。一九五九年一月一日未明、バチスタは国外亡命した。

その軍用列車を脱線転覆させた場所に、当時の事件が再現されていて、当時の列車の中に説明版や写真が掲示してあり、キューバ革命を学ぶ場所となっている。ただ説明文は軍事戦中心であり、バチスタ政権がどのように国民を収奪していたのか、なぜ軍事革命としてやらざるを得なかったのかの説明がない。観光客は発達した資本主義国からの人が大半なのだから、これでは分かりにくいと思った。

ゲバラ霊廟

同じサンタクララ市内にゲバラ霊廟があり、そこを訪ねた。広場に追悼記念塔があり、その下の右の部屋にゲバラの一生を記し、左の部屋がゲバラをはじめボリビアのゲリラ活動で亡くなった人々を弔う場所となっていた。なおキューバ政府は基本的に個人崇拝を認めておらず、カストロが亡くなったときも本人の遺言で特別な記念塔などは作られていないし、通りや建物に彼の名前が付けられたりはしていない。ゲバラは過去の人で現在において特段の政治的意味もない。一九九一年にソビエトが崩壊したとき、キューバ革命を引き継ぐとの意思を国民的なものにするために、各地に革命の記念施設がつくられたのと合わせて、その象徴として既に亡くなっていたゲバラが扱われてきたようである。

ゲバラについて

現代の日本ではゲバラの名はほとんど語られることはなくなっているが、一九七〇年代においては若者を中心に時代を象徴する人物として流行していた。この文章の中でも何回も、その名前が出てくるので、ここで一言だけ簡単に触れておく。

チェ・ゲバラは一九二八年アルゼンチンの裕福な家に生まれ医学部に学んだ。在学中ならびに卒業直後に南米各国を旅した。白人国家であるアルゼンチンに比較して覆い難い貧困と民族差別を見聞し社会変革を志すようになる。メキシコでカストロと出会い意気投合しキューバ革命に最初は軍医として参画したが、やがてカストロに次ぐ第二司令官となり革命政権では銀行総裁や工業大臣などを務めた。しかし発展途上国の革命の広がりを考える彼は閣僚を辞任し、一九六五年にコンゴに出かけゲリラ活動を行うが失敗し、タンザニア、続いてチェコに隠れ住んでいた。カストロの説得で一旦キューバに戻る。しかし、その志は消えず、再び一九六六年ボリビアに向かった。

当時キューバ革命の成功がラテンアメリカ全体に新たな革命運動の広がりを作った。ボリビアは南米の中心にあり、貧しい農民の国であった。ゲバラはここを基地にゲリラ部隊を訓練拡充し闘争を発展させ、その他の諸国へ広げ発展させせようと考えていた。

ボリビア行きの決定はチェコ潜伏中に決まったとされている。その準備と訓練にはキューバに戻るのが最適だとのカストロに説得され、秘密裏にキューバへ戻り、五〇名余りの志願者とともにボリビアに潜入した。しかし通信機器の故障でハバナはおろかラ・パスに先に乗り込んでいた地下組織との通信も途絶え、期待をしていたボリビア共産党の協力も得られなかった。そして準備段階でボリビア政府軍に発見され捕獲され殺された。

細かいことは省略するが、おなじく農業中心の国とはいえキューバと実情が違うボリビアで十分な準備もなく、僅かなゲリラ部隊で革命を成功させることは極めて難しい。カストロはゲリラ部隊の準備ができていない段階でゲバラがボリビアに行くことには反対していたようだが、ゲバラは年齢からくる焦りと、六四年にアルゼンチンでのゲリラ部隊の失敗が「自分が参加しなかったことによるもの」との自責の念に駆られていて、初期段階での参加に固執していたとされている。六六年七月からラ・パスにキューバ人先発隊が潜伏して準備をしていて、ボリビア共産党書記長とコンタクトを取っていたが、ゲバラが参加することも明確にされていない中で協力の約束が得られていなかった。ゲバラは「自分が行けば打開できるのでは」と楽観視していたようである。

当時、日本では一九六〇年代の大衆闘争の高揚の後、新左翼のメンバーが次第に過激な暴力闘争に傾斜していた。しかし発展途上国でも難しい暴力を伴った闘争が、先進国の日本で成功するわけがなかった。こうしたとき、ゲバラの革命への献身性やストイックなまでの自己追求、閣僚でありながら砂糖キビを刈り労働ボランティアに参加する平等主義が、日本の社会を変えたいと望む多くの若者の心をとらえ、ゲバラがもてはやされた。しかし当時、私はゲバラの人間的特質には共感しながらも、それをもって暴力主義やゲリラ主義を賛美することには同意できず、むしろ批判的であった。今回、時間の関係もあり、またそれほどの必要性もないと思い、当時の本やゲバラの本を見直したりもせず、この文章を書いているので不正確な部分があると思うがご容赦願いたい。

二〇一七年六月二七日、中南米最大の左翼ゲリラ組織であるコロンビア革命軍（ＦＡＲＣ）がコロンビア政府との和平合意に基づいて、七〇〇〇名の戦闘員の武装解除を行い半世紀にわたる武力闘争に終止符が打たれた。一つの新しい時代の節目である。なおマスコミ報道によるとＦＡＲＣを支援してきたキューバは、コロンビアの再建のためにＦＡＲＣ並びに政府側を含めて延べ一〇〇〇名の若者を受け入れ、キューバで医学教育を施し帰国させるとの方針を打ち出した。ただし政府側は断ったために、ＦＡＲＣメンバーならびに内戦で犠牲になった人の家族関係者を受け入れるようである。

トロピカーナショー

夕食後、午後九時から開催されるトロピカーナショーに出かけた。一人当たり一万六五〇〇円だから、キューバとしては驚くほど高いショーで、オプションで希望者だけが参加する行事であったが、全員が参加した。ショーは一九三〇年から行われているもので、キューバに進出していたアメリカのマフィア時代から続いているショービジネスである。

私の個人的感想としては、歌、踊りともレベルの高いもので、合唱などでは感動させられたが、歌と踊りの繰り返しで、統一的なストーリーがなく感動という点では、物足りなさを感じ、高額の費用を払ってでも「もう一度見たい」というものではなかった。

ハバナ市内観光（六月二五日）

二一日に次いでハバナ市内を見て回った。ハバナはスペインによるキューバの拠点だけではなくカリブ海、さらにスペインのラテンアメリカにおける中心であった。スペインがラテンアメリカで集めた金銀財宝を含めて本国の送る物資は、海賊対策もあって一旦ハバナに集め、船団を作ってスペインに向かっていた。海賊は船を襲うだけではなく船に積む前の物資があるハバナを襲ったりした。そのためスペインはハバナ港の入り口に強固な要塞を作りハバナ港と街を守った。その内の最大のカバーニャ要塞を訪ねた。なお海賊には「私的な海賊」とともに、イギリスやフランスなどの国家が組織した海賊もあった。

ハバナ港の入り口は大きな川のように幅一㎞ほどで、その奥に湖のような広がりを持つ天然の良港がある。その入り口の両側にブンタ要塞とモロ要塞がつくられ、夜になると二つの要塞をつなぐ長さ一㎞の鎖が渡され船舶が入港できないようにしていた。しかし一七六三年イギリスがモロ要塞を襲撃し一年間にわたって占拠した。この間ハバナは事実上イギリス領となった。スペインはイギリスと交渉しスペイン領であったフロリダ半島をイギリスに渡してハバナを取り戻した。

国会議事堂前で

二度とモロ要塞を占拠されないように、その奥に巨大なカバーニャ要塞を建設したのである。この要塞の中に革命直後ゲバラが住んでいた邸宅があり訪ねた。この館は元はバチスタの弟が住んでいた建物であった。

なお、日露戦争の連合艦隊作戦参謀をした秋山真乃は、それに先立つアメリカ・スペイン戦争に際して、アメリカ駐在武官としてアメリカ艦隊に乗り込み、東部のサンチアゴ・デ・クーバにおけるアメリカ海軍のスペイン軍攻撃を観戦し新たな知見を得ていた。

私たちは、旧市街地とセントラルハバナの境にある国会議事堂、少し離れた新市街地にある官庁街を訪れた。そのあたりはスペイン時代ではなく、キューバ独立後、一九〇二年以降のアメリカ時代に建設・整備された地域だと思われるが、豪壮な建築群には感心させられた。先に私は、植民地支配者は地元尊重ではなく、スペインはスペイン風の街をつくると書いたが、新しい町を作るとき、支配者としてその力を見せつけるような豪壮な建築群を作る。ここを見ると、この町はアメリカが支配者としての力を見せつける街だと思った。国会議事堂はワシントンの国会議事堂とそっくりであった。

日本が中国東北地方（旧日満州）に満州国を作ったとき、長春を新京と改め首都として都市計画に基づく建設を行った。そのとき、日本政府は建築家をパリ、ロンドン、ベルリン、モスクワ、ワシントンなどに調査に行かせ、電気・水道・ガスなどを共同溝に入れるなど、日本でもまだ実現していない最新の街づくりを行った。そして憲兵隊司令部の建物は名古屋城天守閣を模したもので威圧した。

旧市街地にあるバチスタがいた大統領府は革命博物館となっていた。これまた独裁者の宮殿で、内部はヨーロッパの宮殿を模した舞踏会が開催できるような大広間や、バチカン宮殿を模したようなドーム天井があるなど、権力の見せつけと奢りがむき出しになった建物であった。

建物にはいたるところに弾痕があった。一九五七年三月一三日にハバナ大学を中心とする学生連盟が大統領府を襲撃したときの弾痕だそうである。そのとき、バチスタは紙一重の差で脱出できた。なお学生連盟代表は、一九五六年メキシコ亡命中のカストロと会い、革命闘争での協力を決定している。

旧大統領府の裏にガラス張りの新棟がつくられ、その中にカストロがメキシコからキューバに移動したグランマ号が保存されていた。建物の周りには上陸以降カストロ等が使っていた自動車などが展示されていた。中にはトラクターを改装した手作り戦車もあった。

キューバ経済の停滞ないしは後退の理由と克服の努力

キューバ経済の停滞ないしは後退の理由は、今まで述べたように、①スペインの植民地以来の砂糖キビのプランテーション農業に依存させられてきたこと、②革命後のアメリカによる経済封鎖、③ソビエトによる援助の打ち切り、が重要であることは間違いない。それでもカストロらが革命をやり遂げ政権に付いてから既に六〇年が過ぎている。停滞ないしは後退の理由を①②③だけに求めるのは無理がある。実はカストロたちも、「なぜか」「どのようにすればよいのか」と暗中模索していた。党や政府で改革方向について検討を始めたのは一九八〇年代のことで、ソビエトが崩壊する以前である。明確になったことは、個々の問題もあるが根本的な問題として、①中央集権的計画経済、②機械的平等の二点があり、キューバにおける特色ある社会主義を追求しなければならないとしていた。

キューバにおける特色ある社会主義として考えられたことは、「すべての人に物質的な生活だけではなく、文化的な生活を保障することであり、また人間が自由に、しかし助け合いながら生きる社会を建設すること」であった。社会主義になれば、この「理想主義社会」が実現できると考えていたが、限界が明らかになったので、五〇年に渡る紆余曲折の末、新しい社会経済体制を追求することになった。

①と②は連動しているが、すべてを国有化しているキューバにおいて②で言うと、例えば給与において秘書という職については、大臣秘書も工場長秘書もすべて同じ給与であり、そこには労

働意欲や工夫が起こる余地はない。①についていえば、すべての農場・工場に品目別生産量ノルマが指示されるが、量だけの目標であり、それを達成すれば、同じ給与であり、品質についての工夫や目標を越えた生産などの努力は生まれない。こうした点が具体的に明らかにされた。

そこで農業については国営を改め協同組合化し、政府の指示目標を上納すれば、それを上回った分については自由市場で販売してよいとした。そして社会の生産・サービスの部門について、①国有企業への独立採算制の導入、②農業を始めとした協同組合化、③個人経営部門の拡大、④外資の導入の四つが基本方向として決定された。

しかしこうした方向は、社会格差が生まれ広がる危険、弱いものが貧困に、強いものがのし上がる社会となり、キューバが目指している平等社会を崩していく危険があるとの認識もあった。そのため一旦緩和の方向で動き出しても、すぐに規制が強化されることを繰り返してきた。とりわけソビエト崩壊以降、世界に新自由主義が横行し国際的に格差が広がっていることが直視され、カストロを含めて「新自由主義の導入はできない」との共通認識があり、中国やベトナムのような大胆な改革開放政策の採用には至らず、事態はズルズルと大きな変化はなかった。

経済危機の進行はますます厳しく、従来のようにすべてを国家が平等に配給で保障することができなくなり、食料品など配給の量は徐々に減らされ、自由市場での購入が促された。食料必要量に対する配給量は、現在では月に一〇日分ぐらいではないかともいわれている。給与の大部分は自由市場での食料確保に費やさざるを得ず、国民は給与以外の現金収入を得るために様々な働き方をせざるを得なくなった。

国営企業では採算性の導入と合わせてリストラが必要となり、失業保険（最大六カ月）制度もつくられたが、新しい受け入れ先として観光業を中心にサービス業の振興が図られた。現在、キューバでの就業者の一番は観光で、およそ四五％を占めている。続いて農業、林業、漁業だそうである。

先の国営部門の（独立）採算性事業化の一番大きな部門が軍である。軍は最も組織立っていることもあって計画的に進めている。外貨獲得ともかかわって最も重視されているのが観光である。常夏の国のリゾート地としてカリブ海や大西洋に浮かぶ島々は適地であるが、ここは従来、国防上の事情もあって軍が管理していたので、当該地に軍がホテルを含めたリゾート施設を作り、そこへ運ぶ船や航空の運営も行っている。私たちが泊まった二カ所のホテルも軍の物で、運営に外資が入っているそうである。

ベトナムでもそうであった。全国的な運送業は軍関係の会社であったし、宿泊したホテルのいくつかも軍関係の会社の物であった。それどころか、モーターボートをチャーターしてメコン川を回っていたとき、停泊していた軍艦の様子がおかしいので近づいてみると、甲板でビヤガーデンが営業されていた。

中国は国土が広く、一つの省の大きさが日本一国の面積・人口と同じほどのところもある。そのため省単位の共産党や警察などの行政機関が会議を行う場合は、会議室とともに宿泊施設がいる。それらの宿泊施設が「ホテル化」されて一般人も泊まれるようになっている。私も農村部の省の共産党の施設に何回か泊まったことがある。行ってみると外壁の正門のところに党の書記以下の常勤幹部の写真と名前が掲示されていた。「本当にこんなところに入って泊まれるのだろうか」と思いながら泊まったことがある。

　キューバでは上記したように国営企業にも「独立採算」が求められているが、海外企業との商取引上、表向きは株式会社になっている企業体もあるが、実態としては国営企業で、キューバで民営部門というのは通常、個人事業者、協同組合を指している。清野さんの話では「キューバにおいては農業や林業、漁業を除き企業形態をとっている部門の六割ぐらいは軍が押さえているのではないか」ということであった。

「観光業の振興」といっても、現状では基本的に外国人が対象である。外国人を対象としたガイドや通訳、民宿が広がっているが、そのためには英語やロシア語、中国語などの外国語ができなければならない。従って高等教育を受け、ある程度の水準の外国語が使える人でなければできない。そのため大学を含めた教員や幹部公務員が公職を辞めてこれらの仕事にどんどん移っている。外国人を相手としたガイドや、民宿食堂、民宿そしてホテルではドルをはじめとして外貨での支払いとともにチップも外貨で支払われる。これがキューバにおける外貨獲得の重要な部門であり、それらに従事している人は米ドルを手に入れることができる。したがってキューバで小金持ちになれるのは観光業を始めとして、米ドルなどの外貨を手に入れることができる人々である。

政府も米ドル所有の自由化を推進した。米ドルを手に入れた人は外貨（米ドル）ショップで自由に外国製品を買うことができるようになった。これらの仕事につけるのは高等教育を受けた人々で白人が多い。国営企業をリストラされた人でも、これらの能力を持たない人々は観光業・サービス業の現業部門を担うことになる。先のカリブ海海岸での海藻掃除をしていたような人々である。

もう一つキューバ国民が外貨（米ドル）を手に入れられる分野が、アメリカへ行った人からの送金である。革命直後にアメリカに亡命した人は地主などの富裕層であった。しかし現在では「亡命」の形をとった経済移民が大半である。キューバの人口は一一〇〇万人ほどであるが、アメリカにいるキューバ人「亡命者」は二〇〇万人近くになっている。従ってキューバにいる人でアメリカに親類がいない人はいないと言われ、彼らからの送金や物品の仕送りが、キューバの人々の生活を支える重要な源となっている。今ではキューバ政府もキューバ人のアメリカへの「亡命」（経済移民）を黙認している。

キューバは社会制度としての人種差別はない。現業肉体労働者も閣僚も給与において二倍以内というときには、社会的な差別は起こりにくい。しかし自由化が進み外貨を稼げる人が公務員の給与の何倍、何十倍も稼げるようになってきて、それらの人の大半が白人のインテリであり、現業労働に従事している人の大半がムラート（白人と黒人の混血）や黒人となると、社会での見方が変わってくる。こうした事態を防ぐためには、どうしたらよいのかという難しい問題が生まれている。

なぜオバマ政権はキューバとの国交回復をはかったのか、トランプ政権の歴史を逆行させる動き

二〇一五年七月キューバとアメリカが「経済制裁の解除」などの課題を先送りしたまま、半世紀ぶりに国交回復をした。なぜアメリカは国交回復に踏み切ったのか。公式には表明されていない。ただ、関係の識者の見解などを整理すると以下の三点が考えられる。

①アメリカ大陸におけるアメリカの孤立

南北アメリカにはアメリカを含めて三三の国がある。中南米の諸国はかつては「アメリカの裏庭」と言われ、アメリカの意向と異なる政権が生まれれば、クーデターをはじめ様々な方法でつぶされてきた。アメリカのキューバ経済制裁にも南北アメリカの諸国は恭順してきた。しかし二一世紀に入り急速にアメリカ離れが進み、今やアメリカのキューバ政策に同調する国は基本的になくなる事態となっている。このまま経済封鎖政策を取り続けることは、アメリカの一層の孤立が進む危険があり転換せざるを得なくなっていた。

②在米キューバ人世界の変化

アメリカにおける反キューバの急先鋒の行動を行ってきたのは亡命キューバ人によってつくられている政治組織であった。しかし亡命者達の第一世代は既に九〇代以上となり、急速に社会的影響力を失ってきている。それに代わって増加しているのが、上記した「亡命」という形を取っ

た「経済移民」の人々である。これらの人々はアメリカとキューバの国交回復を望み、もっと自由に行動できることを願っている。経済制裁が解かれれば、在米キューバ人の多くがキューバへの投資に動き出すだろう。

③アメリカ財界の変化

アメリカの経済制裁にもかかわらずカナダやスペインなどがキューバに投資を行っている。韓国はカナダに子会社を作り、その会社がキューバに進出している。また中国も戦略的思いもあって進出している。こうした状況を見ているアメリカの財界人は、目の前に一一〇〇万人の市場があるにもかかわらず他国の企業に進出され、自分たちが進出できないことに改善を求めてきた。そこにはキューバの存在はアメリカの危機ではなく、いまや市場の対象であるとの判断もあったと考えられる。

こうした三点が主たる変化の要因であると考えられる。

ところが新大統領に就任したトランプ氏は「経済制裁緩和は適切でない」と発言し、話を蒸し返す状況が生まれている。トランプ氏はオバマ大統領がやろうとしていたことは、一旦すべて否定する、という態度をとっており、キューバに関する言動もそうした面がある。既に全米商工会から「遺憾の声明」が出されるなど先行きは分からない。トランプ大統領の「見直し発言」のもう一つの背後には、在米キューバ人の政治組織の働きかけがあると思われる。「反カストロ民主化」を掲げるキューバ人組織を基盤にした国会議員が四〜五人いる。オバマ政権からトランプ政権に代わるにあたって、彼らがホワイトハウスに相当な働きかけを行ったのであろう。今後の動向だが短期的なことは分からないが、長期的には経済制裁解除の方向に行かざるを得ないだろう。

その場合、なにも手立てを取らなければ中国やベトナムと同様に、格差の広がり、貧困者の増大という事態が生じ、何のための革命だったかという事態が生じかねない。カストロなどが模索していた「人間らしい社会」「知の社会」の建設に向けての新しい工夫が求められている。

私は以下のようなことを考える。キューバは国策としての産業政策では観光を中心としたサービス業の奨励、海外出稼ぎを黙認し外貨を稼ぐ。そして政府自らイニシアチブとしては農業高校、漁業高校などを整備し農業・漁業の振興を図り、自前で国民の食を確保する。国民を食べさせられない政府は崩壊する。そうして国家財政を確立し、セーフティーネットの整備により底辺の人々が安心して暮らせる社会を作る。キューバの特色である音楽をはじめとする文化・芸術・スポーツ振興を図るとともに、今日までのキューバが誇りとしてきた教育・医療を再生することであろう。大した資源はないが教育レベルの高いキューバでは、医療とともに、ＩＴ産業、とりわけソフト開発を重視し、「知の社会」づくりで、発展途上国のモデルであり続ける必要があるだろう。

今回のキューバ行では、世界文化遺産地域と革命ゆかりの地の訪問が中心であった。次回に行く機会があれば庶民の生活現場体験を中心にしたい。

なお「キューバの感想は」と言われれば、一つは「良く耐えて頑張った。ただし、これからが真価を問われるだろう」との感想である。もう一つは、予てからの私の持論であるが、「この世にユートピアは存在しない。思い込みで期待過剰になったり、否定面だけ取り出すのは良くない。いずれにしても我々は日本社会を一歩一歩改善していくしかない」との思いを改めて強めた。

六月二六日朝四時四五分にホテルを出発し、二七日の午後一〇時過ぎに帰宅した。まさにまるまる二日間かかっての復路であった。行きの機内では、後藤政子著『キューバ現代史』（明石書店）、帰りの機内では、フランシス・フクヤマ著『歴史の終わり（下）』を読んだ。

私は通常、海外で土産物は買わない。しかし妻の悠紀子と泊りのヘルパーさん二人へのお礼のチョコレートを三つ購入した。明くる二八日、帰宅するとチョコレートは三つとも悠紀子が食べてしまっていた。「悠紀子、一つはあなたの分、後の二つは、泊ってくれたヘルパーさんの分というてたやろ」と言っても無駄なことである。ところが二九日の午前二時ごろ起こされた。何かというと、二人のヘルパーさんへの「お詫びの手紙を読むから聞いて」であった。

三 「ロシア革命一〇〇年」を記念して再度のロシア訪問

二〇一六年九月に続いて、二〇一七年一〇月五日から一三日にかけてロシアを再訪することにした。

今年（二〇一七年）はロシア革命一〇〇周年の年である。しかし今ではほとんど話題にもされず、総合雑誌を含めてマスコミでも特集が組まれる様子がない（関西唯物論研究会の『唯物論と現代』五八号で「『資本論』刊行一五〇年ロシア革命一〇〇年」〈文理閣刊〉の特集を組んだのは帰国後のことだった）。それでいいのだろうか、これだけ資本主義の矛盾が露になっているとき、「ロシア革命とは」「社会主義とは」について、もう一度考えてみる必要があるとの思いで訪ねることにした。

安倍首相による森友・加計学園問題隠しの急遽の冒頭解散が行われたが、半年前から計画し旅行予約をしていたので、後援会の世話人会や総会を開催し意思統一をしたうえで出かけることにした。

一〇月五日、大阪空港を午前七時五〇分発、成田空港九時一〇分着で成田に午前一〇時集合。一二時発モスクワ行きSU二六五に乗り、一七時着。そこからSU二七六で一八時二〇分発、サンクトペテルブルク一九時四〇分着。ホテルに着いたのは二一時過ぎであった（時差六時間）。

※サンクトペテルブルクは歴史上、いくつかの名前に変わっている。

一七〇三～一九一四年　ペテルブルク
一九一四～一九二四年　ペトログラード
一九二四～一九九一年　レニングラード
一九九一～現在　　　　サンクトペテルブルク

サンクトペテルブルクの町並み（一〇月六日）

朝、九時にホテルを出発。すばらしい町並みである。旧市街地全域が世界遺産となっているとのこと。ピョートル大帝の時代、それまで首都は内陸部のモスクワにあったが、ヨーロッパに窓口を開くために一七〇三年にまったく新しく首都建設を開始した。河口にある水気の多い島々に地盤を固めるための杭を打ち込み、周辺を石垣で囲い、事実上の人工島にし、島々を橋でつなぎ一つの街とした。この土木工事のために、一七〇九年ロシア・スウェーデン戦争に勝利したときに捕虜としたスウェーデン兵士とロシアの農民が動員され、過酷な工事のために四万人もの人々が寒さや飢え、そして事故の犠牲になったそうである。

そこにイタリアやフランス、ドイツの著名な建築家を招き、今日に残る街並みを作り一七一二年に首都を移転した。ただ代々の皇帝戴冠式は引き続きモスクワのクレムリン宮殿内のウスペンスキー大聖堂で行われていたし、一八一二年に皇帝の住まいであるクレムリン宮殿が焼失した後、さらに大きな七〇〇もの部屋がある大クレムリン宮殿が建設され、歴代の皇帝はサンクトペテルブルクとモスクワを行き来していた。従ってロシアには事実上二つの首都がある状態であった。

一九世紀に、広い大通り、五階六階建てのアパート、貴族の館、ホテル、銀行などのビル群で統一した都市建設を行ったのである。江戸時代の中期これほどの都市建設ができた当時のロマノフ王朝の財力・権勢に圧倒させられる。江戸時代に海難事故でロシアに流れ着いた大黒屋光太夫は帰国を嘆願するためサンクトペテルブルクにやってきて、エカテリーナ二世に拝謁している。この街並みや宮殿を見てさぞかし驚いたであろう。

二月革命、一〇月革命のときの首都は、このペトログラードだったので、その現場を観るために訪ねたのである。

なおロシア政府とサンクトペテルブルク市は、この町の歴史的文化的遺産を守り継承するために外観の保全だけではなく、内装も自由な変更を認めておらず、駐車場を地下に造ることも認めていない。そのため住民にとっては極めて不便なことになっているそうである。

フィンランド駅

最初に訪ねたのはフィンランド駅。ここはスイスに亡命していたレーニンが二月革命の勃発で、スイスからドイツ経由で一九一七年四月三日（ロシア暦、以下同じ）の夜に戻って来た駅である。たくさんの人々が迎えにきていて、ここでレーニンは短い演説を行った。原稿が残っていないので正確には分からないが、「革命はまだ終わっていない。革命は第二段階に入った」「民主義革命の徹底のためにはブルジョワ臨時政府と闘わなければならない」という演説をしたようである。これはレーニンとトロツキーの見解であって、当時スターリン、カーメネフはブルジョワ政府を支持し「監督する」という立場に立っていたので、この演説は「プラウダ」には発表されなかった（二人が編集責任者であった）。

しかし、翌日四月四日に開催された集会のために書かれた「四月テーゼ」（レーニンは集会において、それをゆっくり二度読んだ。四月七日付プラウダに掲載）からも四月三日の演説の内容は明らかである（『レーニン全集』第二四巻冒頭）。

この当時、ロシア社会が直面していた根本問題は、①第一次世界大戦からの離脱による平和の実現、②土地革命、すなわち土地の地主的所有を改め実際に農業を営んでいる農民に委ねることであった。しかしケレンスキーを首班とするブルジョワ内閣は「戦争の継続」を主張していたし、片足を地主においていたロシアのブルジョワジーは土地革命を行う勇気も意志もなかった。そこで平和の実現と土地問題の解決のため、すなわちブルジョワ革命の徹底のためにはプロレタリアートと農民、そして主としてその二つの階級によって成り立っていた兵士によってつくられたソビエトが革命の主導権を握らなければならなかった。なお土地革命については地主的土地所有を改め、実際に耕作している農民の手に委ねるという点では、ボルシェビキもエス・エル（社会革命党）も一致していたが、この当時、ボルシェビキは「国有化」を主張し、エス・エルは「農民的土地所有」を主張し、農村ではエス・エルが圧倒的支持を受けていた。後にボルシェビキも農民的土地所有に変更するが、この問題がロシア革命の最後まで引きずる問題となる。

※なぜ、サンクトペテルブルクにあるのにフィンランド駅と名付けられているのか、ロシアでは行き先（終点）の地名を駅名としている。フィンランド（ヘルシンキ）まで行く列車の始発駅なのでフィンランド駅と名付けられている。

血の上の救世主教会

次に血の上の教会へ行った。農奴解放を実行した皇帝アレクサンドル二世が思うように成果が上がらない中で、急進的テロ組織「人民の意志」によって暗殺された場所に、後を継いだアレクサンドル三世によって建てられた教会がある。純ロシア風寺院として建てられたが、土台は従来の杭打ちではなくコンクリートを使うなど、当時の最新技術を使って二五年の歳月を費やして建設された。ステンドグラスを多様に使った美しい建物であるが、残念ながら時間の関係上、中に入って見学することはできなかった。

オーロラ号の雄姿

巡洋艦オーロラ号

一九一七年一〇月二四日、革命軍がケレンスキーなどがいる冬宮殿に突入するに際して、この巡洋艦オーロラ号の大砲の号砲を合図にした。その歴史的意義を踏まえて保存されていた。実はこの船は日露戦争のバルチック艦隊を構成していた一隻で、かろうじて撃沈をまぬがれてロシアに戻れた艦船であった。ロシアは日露戦争の日本海海戦で生き残った船としてではなく、上記のように革命の記念艦として保存している。予約許可を取っていなくても、入場料さえ払えば入船させてくれるので、甲板に上がって記念写真を撮ったりした。手入れが良く現在でも動くそうである。

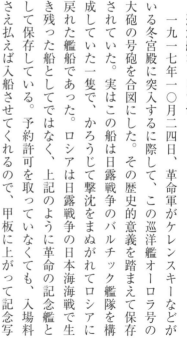

クシェシンスカヤ邸

ニコライ二世（ロシア最後の皇帝）の愛人であったクシェシンスカヤ（バレエのプリマドンナ）が住んでいた邸宅がある。一九一七年の二月革命後、七月のボルシェビキ弾圧・非合法化までの期間、ボルシェビキ党中央委員会、ペトログラード党委員会が入って活動していた。レーニンの仕事場もここにあり、そのベランダから、デモでやって来た労働者などに演説している姿が写真や絵として残されている。

余談であるが、ニコライ二世が結婚してからは愛人関係は解消され、クシェシンスカヤはニコライ二世の叔父や兄弟と愛人関係であったと説明されていたが、どうでもよいことなので触れないでおく。ただニコライ二世は皇太子のときの一八九一年に日本にきている。そのとき、滋賀県大津町で警備していた警察官に日本刀で切りつけられた。大事には至らなかったが、大国からやって来た国賓に対する襲撃として、政府からは「極刑（死刑）に処するべき」という強い意見があったが、担当した裁判官が「殺人未遂の負傷事件で、極刑には当たらない」とした。これが法治主義として高く評価され、法学徒が最初に学ぶ事例として上げられている。なおニコライ二世が日本にきたときに人力車に乗ったが、その有名な写真のコピーがここにあった。

この館は、現在革命博物館の一つとして運営されているが、スターリン時代の政治犯の収容所の模様が再現されたコーナーがあった。その奥に「特異な絵」が飾ってあった。それは軍服姿のスターリンが鉄格子の中に立っている絵である。いつ、誰によって、どのような意図で描かれたのかよく判らなかったが、珍しい絵であると思った。

ペテルブルク要塞

ペテルブルクが建設されたとき、最初に作られたのがこの要塞である。スウェーデンをはじめとする外敵からロシアを守るために建てられた。しかし一七〇九年、ロシア・スウェーデン戦争に勝利したので、実際に軍事要塞として機能することはほとんどなかったそうである。日本では城の中には領主と武士が住み、町民などは城壁の外に住んでいた。しかし大陸であるヨーロッパや中国では城壁の中に町があり、領主と兵士だけではなく、一般市民も住んでいた。この城塞も要塞機能は外壁だけで、現在、中に残っている建物は王室の教会、政治犯の刑務所、造幣所などであった。城塞の中にあるペテルブルク教会は尖塔の高さが一二二mあり、市の中心部ではいまだに最も高い建物だそうである。中に入ると要塞の中の教会とは思えないきらびやかな内装で、左右に大理石で作られた立派な棺がいくつも置かれていた。説明によると、首都をペテルブルクに移したピョートル大帝以来の歴代ロマノフ王朝の皇帝と妃たちの棺であるとのこと。日本では天皇家も徳川将軍家も菩提寺は城や御所の敷地内ではなく別の場所にある。ただ先にも記したが、ロシアでは城塞は城の機能だけではなく城壁で囲まれた街であるので、王宮だけではなく教会も刑務所も造幣所もあったのだ。ここにある刑務所（牢獄）の部屋は、日本人が想像するものとは違う広いものであった。ここは一般の刑事罰の囚人ではなく、政治犯を収容していた。当時の政治犯は基本的に支配層内部の権力争いか、学生や学生出身の一部のエリートであった。皇帝の弟や女帝の妹が「私にこそ皇位継承権があるとして謀反を企み」逮捕され収監されたりした。一八八七年三月、時の皇帝アレクサンドル三世暗殺未遂事件が起こったが、そのときレーニンの兄のアレクサンドル・ウリヤノフが、その事件の関係者として逮捕され、この刑務所に入れられた後、五月八日死刑に処せられている。その部屋も覗いた。そのほか、ここにはドストエフスキーや

ゴーリキーも入れられたことがあり、その部屋にもその掲示板が掲げられていた。

バレエの鑑賞

夜、オプショナルツアーとして、マリンスキー劇場へバレエを見に行った。私は以前からロシア革命や中国革命について理解を深めようとすれば、ソビエト革命史やロシア共産党史について学習するだけではなく、ロシアの歴史や文化について勉強しなければならないと思っていた。とりわけソビエトが崩壊して以降、なぜソビエトや中国にスターリンや毛沢東のような独裁者が生まれ、取り返しのつかない誤りに至ったのか、どうして止められなかったのかを明らかにしなければ、教訓を引き出せないし、国民に対して社会主義の展望を説得力持って明らかにすることは難しいだろうと思い勉強してきた。そうした思いもあったので、ロマノフ王朝時代から世界最高水準のバレエやオペラの世界を作っていたことについて体験したいと思っていた。

マリンスキー劇場は一七九三年に創立されたロシアを代表するオペラ・バレエの劇場で日本でもよく知られている「くるみ割り人形」や「眠りの森の美女」なども、この劇場で生まれたものである。当日の演目は「ドン・キホーテ」であった。「ドン・キホーテ」は翻訳本そのものは読んだことはないが、高校二年の英語の副読本がオックスフォード大学編纂（世界の古典を要約し現代英語で書かれた本）の「ドン・キホーテ」だったので、かすかにストーリーは覚えていた。

それにしても五階まで桟敷席があるシャンデリアの輝く豪華絢爛たる劇場で、舞台の前に大き

なオーケストラボックスがあり、生演奏で数十人の男女による一糸乱れぬ華麗なバレエはストーリーの詳細がわからなくとも魅了された。

一七～一八世紀にこれだけの街を造ることができ、これだけの文化を創造していたロシアという国について改めて深い理解が求められると思った。日本人の多くは日露戦争でロシアに勝ったことで優越性を持ったり、皇帝の支配下での根深い封建性を持った社会という認識、ソビエト崩壊による混乱と貧困の国というマスコミなどが流すロシア像に大きな影響を受けている。しかし日露戦争はロシアから見れば極東で行われた局地戦争であり、地の利を生かせた日本がイギリスやアメリカの支援で闘い勝利したもので、それだけで日露の関係を観るのは間違いである。そして何より当時のロシアは第一次ロシア革命に揺れており、一刻も早く戦争を停止しなければならなかった点を忘れてはならない。封建性という点では、戦前の日本も天皇制社会で地主制度がある極めて封建性の強い社会であった。今日の時点の日本から見てはならない。トルストイの『戦争と平和』をはじめとする社会と人間に対する広く深い文学の世界、チャイコフスキーなど音楽の宝庫ともいうべき多面的なロシア社会についてもっと知るべきだろう。

エカテリーナ宮殿（夏宮）の見学（一〇月七日）

朝、九時にホテルを出発。サンクトペテルブルク市内から南に二五㎞ぐらい行った所に「皇帝の村」というところがあり、皇帝たちの離宮が作られ、一七世紀、一八世紀の二世紀にわたって

皇帝たちが夏を過ごしていた。その中の代表的宮殿が、一七二四年にピョートル大帝が妃、エカテリーナ一世のために建設した宮殿である。何回かの増築・改修が行われ、幅三〇〇ｍに及ぶ宮殿は「鏡の間」や「琥珀の間」など世界に知られる絢爛豪華な大広間がある。私のかすかな記憶では、この宮殿は第二次世界大戦中ナチス軍に占領され司令部が置かれていて、撤退のときに破壊された。記憶は間違いでなかった。宮殿を退出する際に廊下にコーナーがあり、ドイツ軍が撤収した後の無残に破壊された写真が掲示してあった。説明によると、ほぼ九〇％が破壊されたそうである。ただ、スターリンは一九三九年八月二三日に独ソ不可侵条約を締結したにもかかわらずナチスドイツが攻めてくることを予見し、一九三八年から三九年にかけて、ここにあった美術品は壁画を含めてほぼ一〇〇％シベリアに疎開させていたので、収容されていた美術品については被害を免れたそうである。しかし建物に関しては九〇％以上破壊されたが、もとの設計図、写真などを基にしてほぼ元通りに復元したそうである。大阪城や名古屋城のようなコンクリート製のもどきの再建ではない。第二次世界大戦後の食べることさえ困難な時期に、スターリン政権やフルシチョフ政権の下、国家的プロジェクトとして創建時と同じ素材を集めて元通りに復元したのである。例え封建王朝時代の皇帝たちの贅沢極まりない宮殿であっても、ロシアが誇る美術・建築の粋を尽くしたものを再建するという、ロシア人の気概と執念を感じた。

なお、スターリンは独ソ不可侵条約によってドイツは侵略してこないと考えていたという説があるが、そうではない。スターリンはドイツとの戦争は避けられないと考えていたが、時間稼ぎ

を含めて不可侵条約を結んでいた。誤ったのはドイツ侵攻の時機についての判断で、もっと遅いと考えていたが四一年六月二二日に「奇襲」された。攻められると判断していたから、このエルミタージュ宮殿の美術品も一〇〇％疎開させていたのである。

ラズリーフの小屋跡見学

その後、反対方向のサンクトペテルブルクの北郊外へ向かった。七月にケレンスキー内閣はボルシェビキを非合法化し、レーニンを見つければ即逮捕の指示を出していたので、レーニンはクシェシンスカヤ邸を出、ジノヴィエフとともに、郊外のラズリーフ湖のそばの村で、武器工場の労働者（エミリヤーノフ）の家の屋根裏に隠れ住んだ。しかしより安全な場所を求め湖の反対側の納屋に移り住んだ。最初にその納屋のあった所に行ってみたが、レーニンがさらにフィンランドに逃げたために、朽ち果ててなかった。この場所でレーニンは切り株をテーブルとイス代わりに『国家と革命』執筆のための『国家論ノート』をまとめ、フィンランドに行った段階で『国家と革命』として仕上げた。私は若いとき、切り株に座ったレーニンの絵葉書を机の上に立て『国家と革命』だけではなく『国家論ノート』も読んだ。

『国家と革命』はケレンスキー内閣とソビエト権力の二重権力状態にあったロシアにおいて、ケレンスキー内閣によってボルシェビキが非合法化され、平和革命の道が閉ざされたことを踏まえ、「武装蜂起による革命達成へ」と導いた。発達した資本主義国における革命の導きの書とは

ならないが、当時のロシアの状況を打開した歴史的な本として記録に残すべきであると思う。後先が逆になるが、その後に反対側にあったエミリヤーノフの家に行った。これは現存していた。そして保存のために鉄の柱に強化ガラスを貼り付け、外からも見える状態にしてあった。「遠い外国からわざわざ観にきてくれた」と管理人がカギを開けて中を案内し見せてくれた。私はレーニンが、この一家にかくまわれていたこと、並びに湖の反対側の納屋に住んでいたことは知っていたが、案内人の説明で、一家は全員がボルシェビキでレーニンとは面識があったこと。さらに驚いたことは、この一家は後にスターリン時代に政治犯として強制収容所に収容され、長い人は二〇年、短い人でも一〇年に及んでいたそうである。釈放後、この家に戻り修復して住んでいたので今日まで残ったとのこと。隣にその子孫の方が住んでいるそうであった。政治犯の理由は、レーニンと共にこの家にかくまわれたジノヴィエフがスターリン時代に反革命分子として逮捕され死刑になったが、彼をかくまい、彼の書いたものが家から出て来たという理由であったそうだ。エミリヤーノフ一家がレーニンたちを匿っていなければ、ロシア革命はなかったかもしれない。

スハーノフ邸（一〇月八日）

スハーノフはメンシェビキに属していた評論家であったが、一〇月革命後もソビエトの経済関係の仕事をしていた。そしてレーニンに会議場所として自分のアパートの一室を貸したりしていた。そのことよりも彼の名を後世に残したのは、一九二二年に彼はレーニンのフィンランド駅の演説（前記）は無謀であったという論評を書いた。それに対してレーニンは有名な論文「我が革命について」（『レーニン全集』第三三巻、四九六～四九九頁）で彼を批判した。

「なぜ、一定の文化水準の前提を、（国家権力を）まず革命的方法で獲得することからはじめ、そのあとで、労働者権力とソビエト制度をもとにして、他の国民に追いつくために前進してはいけないのであろうか」

ともかくもスハーノフの家（アパート）が今も残っているということだったので、そこを訪ねた。一階の壁に確かにそのことを記す掲示版が掲げられていたが、三階の部屋は現在整備中で入れなかった。

スモーリヌイ旧女学院跡

もともと上流貴族の娘たちを対象にした学校で、日本で言えば学習院女子部のようなものだが、一八〇六年から一八〇八年にかけて建設された石造り三階建て幅二〇〇mぐらいある立派な建物である。この時代にこのような立派な専用校舎を建て、例え上流貴族の娘だけとはいえ女子教育（六歳から一六歳、全寮制）が行われていたことに驚かされた。日本も江戸時代には藩校があったが男子だけであり、女子に対する学校教育はなかった。

一九一七年八月四日、ソビエトはここに移ったので、ソビエト執行委員会、ボルシェビキ、ペテルブルク軍事革命委員会（議長、トロツキー）等の部屋があった。以後一〇月革命に向けてソビエトの議長としてのレーニンと軍事委員会議長としてのトロツキーの二人の指導で一〇月革命に進む。一〇月二五日（ロシア暦）の昼（二時三五分）レーニンは学院の講堂で開催されたペテルブルク・ソビエトの臨時会議で「革命が勝利した」と宣言し、引き続き同夜一〇時四〇分に開催された第二回全ロシア・ソビエト大会で勝利宣言した。以降、この建物は首都がモスクワに移転するまでソビエトの行政の中心となる。今回、許可を得て建物に入るとともに、レーニンの執務室と勝利宣言した講堂を見学した。

スモーリヌイ女学院跡で

この建物の三階の廊下に一〇月革命時の節目節目の写真として、レーニンとトロツキーの写真が、並べて掲示されていたそうなのである。一〇月革命のとき、政治面ではレーニン、軍事面ではトロツキーがリーダーとなり二人のコンビで進めた。とりわけ一〇月革命の一〇月二四日にトロツキーは先のペトログラード要塞に赴き、兵士の集会を開き軍隊に対して革命の側に付くように演説し獲得した。トロツキーの有名な言葉に「武装蜂起とは軍隊を獲得すること」というのがあり、一九〇五年の第一次革命以来の彼の主張であった。

皇帝の宮殿であったエルミタージュ宮殿（冬宮）にケレンスキー内閣があり、スモーリヌイ女学院にソビエトがあった。そして約二七〇〇名の兵士がケレンスキー内閣の冬宮を守っていた。そこをトロツキー率いる約二〇〇〇名の兵士が包囲した。トロツキーが防衛隊と交渉、その結果、防衛隊は持ち場を離れた。ケレンスキーら閣僚多数は、その場から逃亡した。その後、革命兵士らが冬宮に突入した。したがってケレンスキー内閣があった冬宮は事実上のもぬけの殻状態で、「犠牲者はなかったという説、極めて僅か説、最高数として一一名という数字であった」と聴涛氏は述べている。全ロシア的にもモスクワなどで士官学校生徒や近衛師団などとの戦闘が一週間ばかり続いたが、せいぜい数百名から数千名程度の死者だったと推察される。その点で、世に言われている「暴力革命」は実態を正しく表現していないと思われる。問題はそれからの反革命内乱との闘い、そして外国帝国主義による干渉戦争、日本のシベリア出兵が最大規模で七万三〇〇〇名を派遣したことによって、多数の犠牲者が出た。

トロツキーについては長い間、「反革命分子」として扱われ、ロシア革命史から抹殺されてきた。スターリンにとっては最大のライバルというよりも、レーニンと共にロシア革命を成し遂げた二人の巨頭であり、自分がソビエト共産党の指導権を握るためには、何としても抹殺したくて「反革命分子」というレッテルを貼り国外追放した上で、刺客をおくりメキシコで暗殺した。そして世界の共産党に対して「反革命分子」としての認定を押し付けた。コミンテルン支部として結成された日本共産党も、よく事情も分からず「反革命分子」としての既定を受け入れてきた。

私も若いとき、目の前にいる暴力学生集団を「トロツキスト」と批判していた。しかし日本においてトロツキーを名乗って活動した反共暴力集団とトロツキーとはまったく関係はなく、別の扱いをすべきものであった。残念ながらソビエトにおいてトロツキーの本は発禁となっていたので、その翻訳本を含めて手に入れることはできなかった。ゴルバチョフ時代になって再評価が始まりトロツキーの本が復刻出版され、日本でも岩波現代新書で翻訳本が出始め、私も何冊か購入して読んだ。その結果、トロツキーは世に言われていた「労農同盟否定論者」「同時革命論者」などではないことが分かった。

そうした読書の中で、一九六〇年代から七〇年代、日本においてトロツキストと言われていた集団も、また彼らを批判した人々の両方ともが、トロツキーの本を読んでいないことに気が付いた。なぜなら両者ともにトロツキーの本からの引用がまったくなかったからである。そこで私は当時「トロツキスト批判」の本を書いていた人に面会を申し入れ、その点を問いただしたところ、「正直、読んでいなかった」と答えられた。人を批判する場合、その人の書いたものも読まず批判することはしてはならないことである。

ところで、このスモーリヌイの廊下に大きな絵がかけられていた。その絵は革命の勝利宣言した後のスモーリヌイの玄関口でレーニンを先頭にした絵である。そこではレーニンのすぐそばにスターリンがいて、そのずっと後ろの階段のところに小さな姿でトロツキーが描かれていた。いつのことかわからないが、その小さなトロツキーさえも消された絵となって飾られていた。多分トロツキーの人物像が復活するか、絵自体が書き直されることになると推察する。

キーロフ暗殺事件

一九三四年一二月一日、このスモーリヌイで執務をしていたキーロフ（ボルシェビキの最高指導者の一人でレニングラード〈ペトログラードの後の名前〉の党の責任者、つまり知事でもあった）が暗殺された。キーロフが出張中にスモーリヌイの防衛隊員にスターリンと直結していた一二名が追加配備され執務室も変えられていた。暗殺者レオニード・ニコラーエフが鞄にピストルを入れて入って来たが、防衛隊に点検されたり制止されることなく中に入り、執務室から廊下に出て来たキーロフを暗殺した。

暗殺の知らせを聞いたスターリンは、その場で悪名高い「一二月一日法」と呼ばれる一九三四年一二月一日付の法令を出した。「テロ行為の準備と実行で告訴されたる者の事件の審理は一〇日以内で終了しなければならない」「当事者の出席なしに事件を審理することができる」という恐ろしいものであった。キーロフの暗殺は、反対派であったジノヴィエフ・グループによるものであるとされ、一九三五年一月二八日～二九日の裁判でジノヴィエフを含めて一四名が銃殺された。

実はキーロフ暗殺事件の直前の一九三四年一月二六日から二月一〇日までソビエト共産党の第一七回党大会が開催されていた。この大会の中央委員選出選挙においてキーロフが第一位、スターリンが最下位の当選者であった。それで危機意識を感じたスターリンがキーロフを暗殺し、返す刀で別のスターリン批判者であった、ジノヴィエフに罪を擦り付けジノヴィエフを反革命分子として弾劾し死刑に処したのではないかというのが今日の定説となっている。これ以降、次々と重要幹部が逮捕され死刑に処らせられた。第一七回大会参加者の九〇%はレーニン存命中からの党員であったが、彼らの大半は殺された。つまり「ロシア革命はレーニンとスターリンが行った」という「神話」をでっちあげるために一九一七年革命にレーニンと共に闘った人々を抹殺したのである。こうしてソビエト共産党はスターリン独裁体制の国家を支える党へと変質した。

エルミタージュ美術館

エルミタージュ美術館は世界屈指の美術館で、収蔵美術品は三〇〇万点、展示室はすべて歩くと二〇キロに及ぶと言われている。最初はピョートル大帝時代の一七二一年に冬宮として建てられた。美術愛好家でもあったエカテリーナ二世のときの一七六四年に二五五点の美術品をまとめて購入したのを契機に、ヨーロッパ各地のコレクターのものをまとめ買いし、そのための冬宮殿とは別に美術館を建て、そこに収集した美術品を集め、美術愛好の友人たちと楽しむ私的美術館として小エルミタージュを開設した。やがてニコライ一世のときに新エルミタージュが建てられて収集した美術品も公開されるようになり、今日の美術館へと発展した。一九一七年の革命後は冬宮も含めて美術館として整備され、現在の壮大な美術館として確立した。ともかく広く大きく美しい。とりわけ宮殿建築を主体としているので、美術館の建物自体が芸術である。そして作品群はバラバラではなく、コレクターの収集品をまとめて買い上げているので、部屋ごとに作品傾向が定まっており鑑賞しやすい。従って時間がない場合は、自分の好みに合わせて特定の部屋を見て回ればよい。

デカブリスト広場

エルミタージュ美術館は片方はネバ川に面している。もう片方は広い石畳みのデカブリスト広場に面している。そしてその向こう側には半円形の美しい元参謀本部の建物が広がっている。広場の真ん中にはエカテリーナ二世が建てたピョートル大帝が上に乗った巨大な石柱が立っている。この広場はもともと元老院広場と言われていたが、一八二五年一二月に専制政治や農奴制に反対して青年貴族たちが反乱を起こして鎮圧され、五名の処刑者と多数の流刑者を出した。それを記念して革命後はデカブリスト広場と言われるようになった。デカブリストとはロシア語で一二月という意味で、一二月に起きた反乱なのでデカブリストの反乱と名付けられた。

続いて一九〇五年一月九日の日曜日、ここで皇帝に対する請願行動に対して大虐殺（血の日曜日事件）が起こり、それが契機となって第一次ロシア革命が起こり、多大な犠牲の上に一九〇七年七月一六日挫折させられた。

血の日曜日事件と第一次ロシア革命

ロシアでは一八九四年、アレクサンドル二世のとき、農奴解放が行われた。しかし貴族に対して長い年月を通じての補償金が支払われる一方で、人民の自由はほとんど広がらず、各地で反乱が起こっていた。そうした中で日露戦争の最中、一月二日に旅順が陥落した直後、一月九日の日曜日に、ペテルブルクにおいて処遇改善などを求めてゼネストをしていた労働者の家族が、ロシア正教会の僧侶ガポンの呼びかけに応じて、皇帝への請願行動を開始した。当時ペテルブルクの労働者の数は一八万~二〇万人と言われていたが、その過半数を超える一一万人もの人々がゼネストに参加していた。当日、その妻や子供を含めて六万人強の人々が請願デモに参加した。請願の内容は「労働者保護法の制定」「日露戦争の中止」「憲法の制定」「基本的人権の保護」などで、搾取と戦争と貧困にあえいでいた当時のロシアの民衆の素朴で切実な要求を表したものであった。

参加者があまりにも多かったので、一本の道路からではなく複数の道路から皇帝の館である冬宮に向かった。動員されていた兵士たちもその人数の多さから途中で止めることができなかった。しかし広場に入ってきたとき、動員された兵士たちによって狙撃され、少ない説でも一〇〇〇名、多い説では四〇〇〇名の人々が虐殺された。これが第一次ロシア革命の引き金となった。この事件はロシア全土に瞬く間に広がり、各地で抗議行動やゼネストが激発し、戦艦ポチョムキンの反乱なども起こり、全国各地で自然発生的に労働者・農民・兵士のソビエト（会議）が発足した。しかし憲法制定会議の発足と弾圧という、硬軟相混じった政策の下、最後は一九〇七年六月一九日のストルイピンのクーデターによって終息に向かった。しかし二年に及ぶ全国的な闘いは、日露戦争とは比べ物にならない大規模な第一次世界大戦の勃発（一九一四年）によって、再び「平和とパン」「土地と自由」を求めて労働者・農民・兵士が立ち上がるロシア第二次革命ともいうべき二月革命一〇月革命へと継承されることになった。

キーロフ邸

そのあとキーロフ邸を訪ねた。私はキーロフ邸が保存され博物館となっていることは知らなかった。中に入るとレーニンの館と同様に、すべての部屋が床から天井までの作り付けの本棚で覆われ、膨大な書籍が整理されて並んでいた。博物館のガイドによると、ほぼ生前の状態のままであるとの説明であった。しかし壁に掛けられている額縁とガイドの説明に違和感を感じた。どの部屋にもスターリンの肖像写真や絵画が飾られていて、スターリンとキーロフが友人であったことがくどくどと説明されていたことである。挙句の果ては、電話の前にスターリンの写真が置いてあり、いつもスターリンの写真を観ながら電話をしていたとか、暗殺の犯人についても、犯人のレオニード・ニコラーエフの妻とキーロフが愛人関係であり、それを恨んでの殺人であった可能性が高いと説明していた。スターリン擁護の現プーチン政権の政治的意図が絡んでいるのではないかと推察した。

赤の広場（一〇月九日）

早朝四時起床・出発、八時一五分、サンクトペテルブルク発、モスクワ・シェレメチェボ空港九時三〇分着。その足で「赤の広場」、グム百貨店、クレムリンそしてナショナルホテルを見て回った。

一九一八年三月、ソビエト政権は、内戦とかかわって外国勢力による侵略の危険からペテルブルクより安全なモスクワに首都を移した。「赤の広場」については先のロシア・イタリア訪問で書いているので省略する。ここでは新しく気づいたことや新しく訪ねた場所について記す。

レーニン廟の後ろの壁には革命運動の著名な人々の銘板があるが、壁に沿ってずっと右に行くと衛兵が守っている場所がある。前回もそこを歩いたが、特段のモニュメントがあるわけではないので気がつかなかった。しかし今回、よく見るとキエフなどの地名が書いてあった。第二次世界大戦の激戦地、つまり多くの人々が亡くなった場所の土（血にぬられた土）を持ってきて敷き詰め、そこに地名の表示版を設置し、亡くなった人々を弔っている場所だと気がついた。

さらに行くと石造りの記念碑がある。ソビエト崩壊前まではレーニンが「人類の進歩に貢献した人々の碑」として作り、そこにはマルクスやエンゲルスなどの名前が書いてあったが、崩壊後、ロマノフ王朝の歴代皇帝の名前に書き替えられたと聞いていた。ところがそうではなく、ロマノフ王朝三〇〇年を記念して作られた記念碑で一三代にわたる皇帝の名前が書かれていた。それを革命後、皇帝の名前を削り取り、マルクスなどの名前を書き込んでいたのだが、ソビエト崩壊後に元に戻したということが分かった。権力を取った者の「驕り」「若気の至り」としか言いようがない。新しく作ればよいことだし、気に食わなければ片付ければよい。名前を削り、そこに自分たちの名前を書くようなことは、国民感情を考えればよくなかったことは明確である。

中国の毛沢東廟もそうである。明・清およそ六〇〇年に渡る王朝の宮殿であった故宮の正門の天安門前に広がる広場、そこからさらに南へ下がる幅広い参道があり、その南の端に前門がある。毛沢東廟は広場の南側、つまり広場と参道との境に、これ見よがしの巨大な建築物として建てられている。それを見る普通の感覚の中国人からすれば、「なんと不遜な」であろう。今すぐではないが、将来、中国共産党の一党独裁体制が倒れたときには、多分、毛沢東廟は撤去されることになると予測される。「奢れる者、久しからず」ということを思い出した。

グム百貨店

「赤の広場」に面してクレムリンの向かい側に立つ立派なグム百貨店。一九二一年にレーニンの指示で一八九三年に建てられた工場を改装して開設された百貨店である。現在の建物は一九五三年に大改装されたものだそうだ。内部は吹き抜けになっていて三つのアーケードが並んだ豪壮なデパートで、日用品などではなく、有名ブランド品の店ばかりで、ところどころにカフェなどがある富裕層向けの店であった。

「赤の広場」に隣接し向かいのメトロ－ボル・ホテルと並ぶ、格式のあるナショナルホテル。

創業は一九〇三年で、首都がペテルブルクからモスクワに移されたとき、レーニンはクレムリンに入る前、ここで暮らした。ホテルの許可を得て案内されて入った。レーニンが宿泊していた部屋は当時の二〇七番のままで、ドアの横にレーニンが宿泊していたとの掲示板があり、現在も宿泊を受け入れているそうで、たまたま客がいなかったので見せてもらったが、値段を聞くと日本円で一泊一二～一三万円だそうである。

独自行動（一〇月一〇日）

一〇日は、旅行社のスケジュールとしては、レーニンが晩年暮らした家とクレムリンの中にあったレーニン関係の資料などを収めたレーニン記念館のあるゴーリキー村を訪ねることになっていた。私は昨年に訪ねているので、別行動をとることにした。

あらかじめガイドと車の手配をしておいた。来たのはZさんという女性のガイドであった。私の希望として庶民のアパートとその周辺の食料品店かコンビニエンスストア。それからモスクワの街を見下ろせる、スターリン時代に作られた最高級ホテルの最上階の場所、そして現代の最新のビジネス街。時間に余裕があればモスクワ川の遊覧船、その後、ボリショイ劇場でバレエの観劇。その前にレーニンの葬儀が行われた労働会館と盛りだくさんのスケジュールを示し、要領よく回れるようにお願いした。

アパート巡り

アパートは時代的には四種類あった。革命以前に金持ちが住んでいたアパート。それは現在、色々な記念館などになっているので様子は分かっていた。社会主義になっての初期は内戦などがあり新しいものは作られていなかった。結局スターリン時代に作られたものとフルシチョフ時代に作られたもの、そして最近のものとなる。そこで私はスターリン時代のものとフルシチョフ時代のアパートを外観だけでも見たい、そしてその近くにある食料品店などに入ってみたいと希望した。するとZさんは知り合いにスターリン時代そしてフルシチョフ時代のアパートに住んでいる人がいるから「中を見せてくれるように頼んでみます」と言って電話をかけてくれ、同意が取れた。

素人の私が車窓から見ているだけでもスターリン時代のアパートは大きく、八階から一〇階建てぐらいで外観も重厚でしっかりしており、一昔前の日本の百貨店のような建物である。それに対してフルシチョフ時代のアパートは四〜五階建てで県営・市営住宅のような感じであった。そして建てた年代は新しいのにすでに老朽化し、建て替えるか大規模なリニューアルが必要な感じがした。事実、道路から見ても数年前に建て替えられたものや、リニューアルしたとみられる建物が多数あった。

まずスターリン時代のものを見に行った。入り口の壁にレリーフが飾ってある。このアパートに住んでいた人で第二次世界大戦で軍功のあった人だそうである。入り口は鉄の扉で現代的に暗証番号とカードを差し込まないと開かないセキュリティーシステムとなっていた。エレベーターであがり個別の家も二重鍵となっていて天井は高く、小ざっぱりとしていた。その家は単身者が住んでいたが、二LDKで八〇㎡ぐらいだそうだ。

その近くに、アパートの一階部分に日常の食料品を売る店があったので、覗いてみた。外観より広く、アルコールを含めて置いていた。「加工食品ばかりかな」と見えたが、奥の深い店で奥に野菜売り場があり、一通りの野菜が並べられていた。面積的には日本のコンビニより少し広い感じであった。

続いてフルシチョフ時代のアパートを訪ねた。途中の移動には市電を使った。最新式のものと年代物があったが年代物に乗った。地下鉄と一緒ですべてカード式のワンマンカーで、外見に比べ内装はすっきりしていた。フルシチョフ時代のアパートは中層住宅であることもあって天井は低かった。同じように二LDKであったが、面積は五〇㎡を切るそうだ。

「スターリン時代のアパートとフルシチョフ時代のアパートは何故違うのですか」と尋ねた。「スターリン時代は内戦やとりわけ第二次世界大戦で大きな役割を果たした軍人・官僚・党の幹部たちにプレゼントとして建てられたので立派で大きいし、建物の一階には、それらの中でも特に偉い人のレリーフが壁に飾られ、中にはその功績をたたえる記念の部屋もあります。フルシチョフ時代はそれに続き、モスクワの郊外にたくさんあった木造のバラックに住んでいた庶民のために大量に建設されました」と語られた。すると運転手さんが、「自分は子供時分、家族と木造のバラックに住んでいたが、フルシチョフのアパートに入れるようになり父が、涙を流して喜んでいました」と語られた。その通りだと思う。日本でも都会では敗戦後、焼け野原に木造のバラックに住んでいたが、都営住宅や公団住宅が当たり入れたときは家族は大喜びしたし、入れなかった人からは羨まれたそうである。出発前の日本の新聞によると、ロシア政府は「今年中に残っているフルシチョフアパートについては大規模なリニューアルか建て替え工事を行う」と発表していた。

ウクライナホテル（五ツ星）

スターリン時代にソビエトを代表するような豪壮で巨大な建物が七つ建てられている。その一つが、昨年訪れた「大学の建物としては世界一」のモスクワ大学の本館の建物であった。二つはソビエトを代表するホテルであった。ソ連崩壊後、一つはヒルトンに、ウクライナホテルはラディソンによって買収されリニューアル・オープンし、いずれもロシアを代表するホテルとして経営されている。その内のウクライナホテルを訪ねることにした。一階のロビーは重厚な造りで、安っぽい服装では気後れするようなもので、二九階にあるレストランに入らないと外は観れないので、そこで簡単な昼食をすることにした。食事をしながらレストランの四面からモスクワの景色が見下ろせるようになっていた。店の人としゃべっていると「料理を作っている間に屋上に上がって見物したらどうか」と勧めてくれた。レストランの中にもう一つのエレベーターがあり、屋上に上がれるようになっていた。従ってレストランで食事をしなければ屋上には上がれないことになっている。三〇階以上はビップ向けのバーとカラオケボックスになっていた。レストランを含め、いかにも金持ちしか入れないような造りであった。

ビジネスセンターと船下り

ビジネスセンター街の現代建築

続いてモスクワ中から見える高層ビル街のビジネスセンターを訪ねた。新宿と六本木ヒルズと霞が関ビル街を合わせたような、現代のロシア、モスクワの資本主義化を象徴する場所で、ロシア最大のモールもあった。

船下りは、モスクワ市内を蛇行しているモスクワ川を船で回り、クレムリンをはじめとするモスクワの中心地を船から見るというツアーである。最新の大型船で食事をしながら三時間かけて回るツアーと、少し古い中型の観光船で二時間かけて回るコースがあったが、後の予定があるので二時間コースにすることにした。行ってみると切符売り場にはシャッターが下りていた。ところが船着場から男が上がってきて、船内で切符を買えば乗れると教えてくれたので待つことにした。ほどなく船がやって来た。聞くと通常、中型船は一〇月の半ばで営業を止め、砕氷能力ある最新の大型船が五月まで営業していて、氷を割りながらのクルーズをしているそうだ。別の機会があれば乗ってみたいと思った。

船は一階は窓から景色を見る、二階は観光地にあるバスのようにテントの屋根がついている吹き曝しであるが、そちらのほうがクルーズをしている感じになるので大半の客は二階の席に陣取っていた。私たちもそうしてモスクワ大学やビジネスセンター、クレムリンなどを川面から見学した。船は二時出発四時下船予定であった。レーニンの葬儀が行われた労働会館は予約し許可がなければ入れない建物だが、我々のチームは四時一五分に入館予約が取れていた。四時に下船し四時一五分にそこへ行くのは大変難しく間に合わなければあきらめなければならなかった。しかし運転手さんの工夫でぎりぎり間に合い、ゴーリキー村へ行った人の中の有志四人と合流し入ることになった。

労働会館

専任のガイドから説明を受けたが、それよりも、その建物の外観からは分からなかった豪華さに驚かされた。

私はクレムリンの近くの労働会館でレーニンの葬儀が行われていたことは知っていた。それは日本の労働者会館をイメージしていた。この会館は貴族の最上位の侯爵でモスクワ県の知事をしていた人が自分の宮殿として建てたもので、その人が亡くなった後は貴族会館として使われていたものであった。トルストイの『戦争と平和』にも出てくる場所で、映画の舞踏会のシーンもこのホールで撮影された。皇帝や名だたる貴族が訪れ、舞踏会などが行われた社交場であった。ホールも廊下もシャンデリアがまぶしく光っている。全ソビエト労働組合連合の事務所だけではなくコミンテルン関係の事務所のいくつかも、この中にあった。文字通り労働貴族会館だ。このような場所で仕事をし、高級ホテルに暮らしていれば、エリート意識に浸るのは間違いない。説明によると統一戦線政策を確認したコミンテルン第七回大会も、このシャンデリア輝く大ホールで開催されたとのこと。また、ジノヴィエフなどの幹部に対する「弾劾裁判」もここで行われた。演壇から「革命を裏切った」と弾劾され、ホールに座らされ「死刑判決」を受けた場所でもある。「百聞は一見にしかず」である。

ボリショイバレエ

六時開場、七時開演なので、ホテルに戻り食事をする時間はなく劇場に直行した。文字通りロシアを代表するオペラとバレエの殿堂で、マリンスキー劇場（五階建て）より一回り大きい七階建。我々には五階の桟敷席の前面の三席を確保してくれていた。同じボックスでも後ろの三席と前面の三席では鑑賞も雰囲気も全く違う。ここで古代インドをテーマとしたバレエを途中二回の休憩を挟んで三時間観劇した。ストーリーは知らないので物語の展開はよく判らなかったが、マリンスキー劇場のときと同じくバレエの見事さには感心させられた。ホテルに戻ったのが一一時で、それから食事をし、一二時過ぎに寝ることになった。

メヘリンソン工場（一〇月一一日）

一九一八年八月三〇日の夕方、レーニンはメヘリソン工場において労働者を相手に演説し終え工場を出たところでピストルで撃たれた。三発撃ち込まれ二発がレーニンを傷つけた。一発はオーバーを傷つけただけだった。怪我を負ったが幸いに命を失うまでには至らなかった。撃ったのはソビエトに参加しているエス・エル左派党員のカプラン（女性）であった。当時レーニンらはドイツとの単独講和を結ぼうとしていたが、ドイツ側の提示した条件はロシア側にとっては極めて厳しく、ソビエト内部どころかボルシェビキ内部でも意見がまとまっていなかった。エス・エル左派は反対していて、中央委員会の決定に基づいてカプランはレーニンを暗殺しようとしたのである。エス・エルはその前にドイツ大使の暗殺も行っていた。

外交は国益がぶつかるもので、どちらかが圧倒的に強い場合は別にして、通常一方の要求が一〇〇%充たされることはあり得ない。日露戦争終結時、日本国民は「日清戦争に続いて勝利した」と思い、「もっとたくさんの物が取れる」と思っていたのにそうはならず、暴動が起こったりしている。その後、レーニンは九月一八日に完全復帰している。

「レーニンが撃たれたのはこの場所ではないか」という点で諸説あり確定していないそうである。そこで論じられているのはせいぜい一〇mから二〇m程の差である。当時は権力機構・警察機構が不安定の時期であり、銃撃されたレーニンを救い運び手当てするのが精いっぱいで、きちんとした捜査とそれに基づく資料が整備され保存されていたとは考えられない。そのようなことより、「なぜエス・エルはレーニン暗殺の決定をしたのか」「なぜレーニンは危険を顧みず演説に出かけたのか」などの政治的解明の方が重要であると思う。

それよりも私が感心したのは、散々待たされた挙句工場の敷地内に入ったとき、工場の壁に「一九四一年から一九四五年」の表示の下に多数の氏名が書き込まれた銘板が貼り付けてあり、その近くに赤々と炎が燃えるモニュメントがあった。だいたい想像は付いていたが、念のために「何を表しているのですか」と尋ねた。すると「第二次世界大戦で亡くなった、この工場の関係者を弔い記念するものです」との答えが返って来た。それだけソビエト・ロシアの人々にとって第二次世界大戦は重い問題なのである。それにしても日本の工場でこうした弔いの記念碑を立てている所があるだろうか。

私たちに対応していただいたのは副工場長の方で、この工場の敷地内にレーニンの像も設置されており、また工場の名前もレーニン記念工場と名乗っているそうである。軍需関係の電気部品を作っている工場のようであった。

トルストイの家（一〇月一二日）

飛行場に行くバスに荷物を積み込み、レーニン廟に出かけた。レーニン廟については「ロシア・イタリア訪問」で書いているので省略する。その後「トルストイの家」を訪ねた。トルストイはロシアを代表する世界的文豪の一人である。彼は貴族の家に生まれ、モスクワ郊外に広大な農地と屋敷持っていたが、ロシア社会が直面している人間的格闘について『戦争と平和』など世界の人々に読みつがれる作品を残してきた。その彼が冬の間、モスクワに住むために買った家を訪ねた。貴族の館としては極めて小さく質素な家で、彼の人柄が偲ばれる。もちろん貴族だから子供専任の女中だけではなく、家族の衣服を作る専任の職人が二人住み込んでいたり、食器置き場の部屋などもあった。もともとは平屋の家であったが、モスクワ在住の作家や作曲家と交流する部屋や子供たちのための部屋を確保するために二階を増築していた。子供は一三人いたが、この家には下三人の子供たちの部屋があった。トルストイは自分の農場がある屋敷にいるときは、農民たちと一緒に素足で農作業をしていたそうである。そして靴など色々な日常品を自分で作っていたそうで、彼が作った靴が工具とともに展示されていた。また当時、チェーンやブレーキのある自転車が出始めていて、六〇歳のときにそれを知人から贈られ、練習をして乗りこなしていたそうである。「自然主義者」であり「新しい物好き」で「物づくりが好きな人」だったようである。日本の白樺派はその影響を受け形成されたが、私の父は学生時代に白樺派の影響を強く受けていて自然主義・人道主義の人だった。

後、クラシカルで立派なホテルで遅目の昼食を取り飛行場に着いた。この昼食後から飛行場へ着くまでの間、ガイドがロシアの政治経済についての考えを「演説した」。話しぶりからは多分に「ロシア大国主義」の人だと思われた。ここでは紙面の都合で省略する。

ただ、何度か機会があって、平均的ロシア人はどう考えているか、別々の人から次のことを聞いた。つまりゴルバチョフ、エリツィン、プーチンについての評価である。言い得て妙であったので紹介したい。

ゴルバチョフは裏切り者。改革は必要だったと思うが、ソビエトを崩壊させ社会と人生を破壊した。エリツィンはうそつきの大泥棒。自由化の名の下に国有企業をはじめとした国家財産を仲間で盗んで大金持ちになった。プーチンは色々あるけれど困難なロシアを建て直し、再び大国にしようとしている。ほぼ平均的な三人像ではなかろうか。ある人は「ロシア人は戦争は絶対いやです。戦争ほど恐ろしいものはないし悲しいものはない。平和は絶対です。私たち庶民は生活が安定していて、たまに海外旅行など少しばかりの贅沢ができればよいのです」と語っていたことが印象的であった。

長い長い飛行機の旅で成田に帰国し、そこから成田エクスプレスで品川へ、そこで新幹線に乗り換え一三日に京都へ帰った。

あとがき

この本『異文化理解・協力の旅』は、次に私が出版する予定の『文明論ノート』に向けての前段の本として位置付けている。かつて進歩勢力の人々は「世界は資本主義から社会主義へ向かっている」と言っていた。そこまで言わなくても学校の教科書では「資本主義と社会主義が併存し競争している時代」と記述していた。

しかし一九九一年にソビエトが崩壊した。また中国やベトナムは、今も社会主義国を名乗りながら「改革開放」の名の下に、外資導入を牽引車としながら私営企業を容認・承認し特異な資本主義社会として発展している。

この世界の現実をどう見るのか、世界はどこに向かおうとしているか、という大問題が現代に生きる人間に突きつけられている。私は自分の知識の無さを自覚しながらも、この問題を解明することに人生後半の大きなエネルギーを費やそうと思っている。しかしこのような大きなテーマの本は簡単に書けるものではない。そこで、その執筆を進めながら並行して、その前段としてこの本を出版した。すなわちこの二〇年間に私が国際協力活動、個人旅行を通じて見聞きしてきたことを書き、読まれた方が、異文化理解・協力を進め「地球市民」として生きて行く契機とされ、何らかの参考としていただければ幸いである。

　この本の編集は、チベット、ミャンマーを共に旅した文理閣代表の黒川美富子さんにお願いした。問題意識が共通している黒川さんには、出版の期日に間に合うように手際よくスピーディーにまとめていただいた。末尾であるが感謝の意を表したい。

二〇一八年一〇月

鈴木　元

著者紹介

鈴木　元（すずき　はじめ）

1944年8月8日生まれ。立命館大学一部経済学部卒業。日本共産党京都府委員会常任委員（専従）、かもがわ出版編集長代理、立命館総長理事長室室長、大阪初芝学園副理事長、中国（上海）同済大学アジア太平洋研究センター顧問教授、国際協力銀行中国人材アドバイザリー、私立大学連盟アドミニストレータ研修アドバイザリーなどを歴任。

現在、日本ペンクラブ会員、日本ジャーナリスト会議会員、かもがわ出版取締役、国際環境整備機構理事長、京都高齢者大学校幹事会副代表、如月社（映画館・京都シネマ運営会社）代表取締役代理。

著書に『国際協力の時代』（文理閣）、『大学の国際協力』（文理閣）、『立命館の再生を願って　正・続』（風涛社）、『もう一つの大学紛争』（かもがわ出版）など多数。

異文化理解・協力の旅

2018年11月25日　第1刷発行

著　者　　鈴木　元

発行者　　黒川美富子

発行所　　図書出版　文理閣

京都市下京区七条河原町西南角　〒600-8146
TEL（075）351-7553　FAX（075）351-7560
http://www.bunrikaku.com

印刷所　　モリモト印刷株式会社

ISBN978-4-89259-837-1